ELEFANTEN UND NASHÖRNER

ELEFANTEN UND NASHÖRNER

Bildnachweis

Dr. Roland Knauer: Seite 7, 19, 34/35, 48, 56, 79, 113,118, 122, 124, 129, 133, 135, 136, 137, 139, 141, 142, 150,170, 185, 195, 269, 284

Kerstin Viering: Seite 10, 14/15, 47, 74, 80, 88, 101, 111, 120, 151, 152, 154, 157, 182, 281, 282

WWF-Canon, Mike Griffiths: Seite 241

WWF Syam Suardi: Seite 179

WWF Vertefeuille: Seite 180, 181

Alle übrigen Abbildungen von OKAPIA KG, Frankfurt am Main

Autoren: Kerstin Viering, Dr. Roland Knauer

Gesamtherstellung: Naumann & Göbel Verlagsgesellschaft mbH, Köln

ISBN 978-3-625-12093-3

www.naumann-goebel.de

Inhalt

Die Ahnen der Dickhäuter

Die Evolution der Elefanten

Kaum erreichen die Elefanten im South-Luangwa-Nationalpark Sambias das kleine Schlammloch unmittelbar neben dem Nsefu-Camp, werfen sie sich in den braunen Matsch, strecken alle Viere von sich und prusten mit ihrem Rüssel Wasser auf ihre graue Haut. Keine fünf Meter daneben stehen Fotosafari-Gäste in der Bar und beobachten die übermütigen Dickhäuter. Schlagartig wird den Zuschauern klar, dass nicht nur die Savanne, sondern auch Wasser und Sumpf zum natürlichen Lebensraum der Elefanten gehören müssen.

Sind die Dickhäuter also halbe Wassertiere? Dieser Verdacht erhärtet sich beim Blick auf die Verwandtschaftsverhältnisse weiter. Die Familie der Elefanten

läuft heutzutage ziemlich isoliert über die Erde, nähere Verwandte haben die Rüsseltiere überhaupt nicht mehr. Die nächsten noch lebenden Groß-Cousins und Groß-Cousinen sind ähnlich viele Generationen von den Elefanten entfernt wie die Vögel von den Dinosauriern. Das zeigt schon ein flüchtiger Blick auf diese beiden Verwandten: Die Schliefer Afrikas erinnern mit ihren gut drei Kilogramm Gewicht eher an ein Murmeltier. Und die Seekühe wie das Dugong (siehe Abbildung unten) vor den Küsten Ostafrikas, Asiens und Australiens bringen zwar bis zu 1500 Kilogramm auf die Waage, ähneln aber eher etwas plump wirkenden Robben als Rüsseltieren. Fossilienfunde zeigen dann auch, dass sich beide Ordnungen noch zu Zeiten der letzten Dinosaurier vor gut 65 Millionen Jahren von den Vorfahren der Elefanten getrennt haben.

Elefanten aus dem Wasser

Vielleicht gehörte ja der Elefanten-Urahn eher zu den Seekuh-Vorfahren. Das würde jedenfalls die Begeisterung für alles Nasse und Feuchte erklären, die sämtliche Elefanten in Sambias South-Luangwa-Nationalpark so beeindruckend demonstrieren. Die heute noch vollständig im Wasser lebenden Seekühe jedenfalls wälzen sich ähnlich wie Wale nie an Land. Unter Wasser weiden die genau wie Elefanten meist sehr friedlich wirkenden Tiere im gemächlichen Tempo Wasserpflanzen ab. Sah so auch das Leben der Elefanten-Urahnen aus?

Möglich ist das schon, denn die ersten Elefanten ähnelten ihren modernen Verwandten kaum. Vielleicht 15 Kilogramm wogen diese Säugetiere vor 50 Millionen Jahren und erinnerten damals eher an ein Wasserschwein. Rüssel und Stoßzähne hatten sie ebenfalls noch keine. Ob diese Tiere an Land oder im Wasser lebten, weiß bis heute allerdings niemand. Aber aus der Entwicklung von Elefanten-Embryonen schließen manche Forscher, dass unter deren Vorfahren Tiere mit einer Vorliebe für ein Leben im Wasser gewesen sein müssen.

Aus dem Kiefer und den Zähnen eines Moeritherium genannten Tieres, das ein wenig an einen modernen Tapir erinnert, aber vor rund 40 Millionen Jahren lebte, schlossen viele Forscher ebenfalls auf Sumpf oder Wasserflächen als Lebensraum. Bei diesen Tieren befanden sich zum Beispiel die Ohren ähnlich wie bei heutigen Flusspferden ganz oben am Schädel – auch ein abgetauchtes Tier kann so unauffällig auf die Geräusche über Wasser lauschen. Genau wie ein anderes, Barytherium genanntes Tier aus dieser Epoche aber gehört auch das Moeritherium zu den frühen Vorfahren der Elefanten.

Um den Lebensraum dieser frühen Rüsseltiere endgültig zu klären, haben Alexander Liu von der Universität in Oxford, Eric Seiffert von der Stony Brook University in New York und Elwyn Simons vom Duke Lemur Center im US-amerikanischen Durham im Jahr 2008 die Zusammensetzung des Zahnschmelzes von Exemplaren dieser beider Arten analysiert, die vor rund 37 Millionen Jahren gestorben waren. Da der Organismus Mineralien in den Zahnschmelz einbaut, die das Tier vorher mit der Nahrung aufgenommen hat, können die Forscher aus der Zusammensetzung des Schmelzes auf den Speiseplan schließen. Hauptbestandteil der Pflanzen ist Kohlenstoff, der in der Natur in zwei stabilen Varianten vorkommt. Das Kohlenstoff-12-Isotop (C-12) ist dabei in der Natur viel häufiger als Kohlenstoff-13 (C-13). Verschiedene Pflanzen aber nehmen jeweils unterschiedliche Mengen dieser Isotope auf. In manchen Pflanzen gibt es dann einen verhältnismäßig großen Anteil des C-13-Isotops, andere Arten haben dagegen einen deutlich niedrigeren C-13-Anteil. Im Zahnschmelz der

Elefanten-Vorfahren wiederum entdeckten die Forscher C-13-Verhältnisse wie sie für Wasserpflanzen typisch sind. Damit scheint klar, dass Moeritherium und Barytherium meist Wasserpflanzen kauten.

Auch beim Sauerstoff gibt es verschiedene stabile Isotope, hier ist O-16 viel häufiger als O-18. Weil O-16 auch leichter ist und daher besser aus Meeren und

anderen Gewässern verdunstet, ist der O-18-Anteil im Regenwasser deutlich niedriger als in Gewässern. Und da Landtiere oft auch aus Bächen trinken, aus denen noch wenig Wasser verdunstet ist, nehmen sie auch weniger O-18 auf als Tiere, die in Seen oder Sümpfen leben. Der O-18-Anteil im Zahnschmelz der Elefanten-Vorfahren aber lag ebenfalls in dem für Tiere typischen Bereich, die in Seen, Flüssen oder Sümpfen zu Hause sind.
Vor 37 Millionen Jahren lebten also die Ahnen der Rüsseltiere noch ganz oder zumindest teilweise im Wasser. Einen langen Rüssel hatten Moeritherium und Barytherium aber noch nicht. Mit einer solchen stark verlängerten und zum

Greiforgan umgewandelten Nase wartete erst das Mastodon auf, das vor etwa 26 Millionen Jahren entstand und den modernen Elefanten schon verblüffend ähnlich war.

Das Erbgut des Mastodons

Als Paul Matheus von der University of Alaska in Fairbanks auf einer Forschungsexpedition im hohen Norden dieses US-Bundesstaats einen Zahn von einem solchen Mastodon entdeckte, ahnte er wohl kaum, dass er damit den Schlüssel zum gesamten jüngeren Stammbaum der Rüsseltiere gefunden hatte. Doch in diesem Mastodon-Zahn steckten erstaunlich gut erhaltene Reste des Erbguts, das Forscher unter der Abkürzung DNA kennen. Allerdings findet man von solcher „fossilen DNA" praktisch immer nur so geringe Mengen, dass sie nur mit speziellen Methoden untersucht werden kann. Michael Hofreiter vom Max-Planck-Institut für evolutionäre Anthropologie in Leipzig gehört zu den wenigen Spezialisten auf der Welt, die diese Techniken gut beherrschen. Vor allem seine Mitarbeiterin Nadin Rohland hat die uralte DNA aus dem Mastodon-Zahn dann auch mit akribischer Genauigkeit analysiert.

Sie konzentrierte sich dabei auf das Erbgut der sogenannten Mitochondrien. Das sind winzige Organe in den Zellen, die für die Energieversorgung zuständig sind und eigene DNA besitzen. Und weil dieses Erbgut relativ klein und daher auch recht übersichtlich ist, verwenden Spezialisten wie die Leipziger Max-Planck-Forscher diese DNA gern, um Verwandtschaftsverhältnisse zu studieren. 16 469 DNA-Bausteine hat Nadin Rohland im Mitochondrien-Erbgut des Mastodon-Zahnes gefunden und das mit einer fantastischen Genauigkeit: „Schlimmstenfalls zehn Fehler stecken in diesen gut 16 000 Bausteinen", erklärt Michael Hofreiter.

Mit dieser DNA-Analyse aber lag plötzlich die Geschichte der Dickhäuter wie ein offenes Buch vor den Forschern. Vor etwa 30 Millionen Jahren hatte sich aus den Vorfahren der Rüsseltiere eine Art Ur-Mastodon gebildet. Nase und Oberlippe dieses Palaeomastodon genannten Tieres waren deutlich länger als bei seinen Ahnen. Die ersten Mastodonten hatten also tatsächlich bereits einen Rüssel und sogar kleine Stoßzähne. Auch die Größe der Ohren erinnerte bereits ein wenig an die gigantischen Hörorgane des modernen Savannenelefanten.

An dieser Grundausstattung änderte sich wenig, als sich die Mastodonten in drei Familien aufspalteten, von denen jede etliche Arten umfasste. Jede dieser Arten hatte Rüssel, Stoßzähne und große Ohren, allerdings wuchsen die Stoßzähne manchmal auch aus dem Unterkiefer. Die ersten Menschen kannten diese Mastodonten noch – und schätzten sie wohl als wichtige Komponente auf ihrem Speiseplan. Die letzte Mastodon-Art starb jedenfalls vor rund 10 000 Jahren vermutlich unter den Speeren steinzeitlicher Jäger aus.

Aus einer dieser Mastodon-Arten entwickelte sich dann die Familie der Elefanten, deren Vertreter als einzige Überlebende der vor zwei Millionen Jahren noch sehr umfangreichen Ordnung der Rüsseltiere bis heute über die Savannen und durch die Wälder Afrikas und Asiens stapfen.
Als Anna-Sapfo Malaspinas von der Universität in Genf die DNA des Mastodon-Zahnes aus Alaska mit dem Erbgut lebender Elefanten verglich, konnte sie auch deren Stammbaum genau aufschlüsseln: Asiatischer und Afrikanischer Elefant haben sich bereits vor 7,6 Millionen Jahren getrennt. Dieses Ergebnis aber ließ einige Frühmenschen-Forscher aufhorchen: Genau zur gleichen Zeit begannen sich auch die Menschenaffen in verschiedene Arten aufzuspalten, aus denen am Ende der Mensch hervorging. Somit begann diese plötzliche Artbildung sowohl bei den Elefanten als auch bei den Menschen in Afrika.
„Ein Klimawandel könnte der Auslöser für diese Artbildungen gewesen sein", vermutet Michael Hofreiter. Elefanten und Menschenaffen streiften damals beide durch die Regenwälder Afrikas, als sich weltweit das Klima änderte. Im Osten des Kontinents wurde es trockener und den Bäumen fehlte die Feuchtigkeit. Zwischen den Regenwäldern tauchten daher mit Gras und einzelnen Bäumen bewachsene Lichtungen auf, die Ökologen als „Savanne" bezeichnen. Beide, Menschenaffen und Elefanten, begannen diese Lichtungen zu nutzen. Und bald entstanden aus den Savannentieren eigene Arten.

Asiatische Mammuts

Vor 6,7 Millionen Jahren spaltete sich dann aus der Elefantenfamilie eine ganz neue Gattung ab, die Mammuts. Über deren Stammbaum aber wussten die Forscher lange Zeit sehr wenig. Dabei sind Mammuts die am besten untersuchten Eiszeittiere überhaupt. Schließlich tauchen im asiatischen Teil Russlands immer wieder komplett erhaltene Exemplare auf, die der sibirische Dauerfrostboden mit Haut und Haar konserviert hat. Aus Untersuchungen des tiefgefrorenen Mageninhalts kennen Forscher sogar den Speiseplan dieser Tiere. Die Genetik der Mammuts aber ließ sich weniger leicht analysieren. Denn das Erbmaterial DNA bleibt nicht ewig erhalten, verschiedene chemische Prozesse zerstören es mit der Zeit. So finden Forscher nach Jahrtausenden oft nur noch kleine Mengen winziger DNA-Bruchstücke, aus denen sich wenig herauslesen lässt. Allenfalls einzelne Abschnitte von etwa 1000 Buchstaben des genetischen Codes ließen sich zunächst rekonstruieren.

Dann aber machten sich Michael Hofreiter und der Gründungsdirektor des Leipziger Max-Planck-Instituts Svante Pääbo daran, dem Mammut-Rätsel auf den Grund zu gehen. Tatsächlich gelang es ihnen Anfang des 21. Jahrhunderts, mithilfe der Mini-DNA-Bruchstücke die Verwandtschaftsverhältnisse aufzudecken. Mit einer neuen Methode haben die Forscher damals die gesamte DNA-Sequenz in den Mitochondrien eines Wollhaarmammuts entschlüsselt. Das Erbgut dieser kleinen Zellkraftwerke besteht aus etwa 5000 DNA-Buchstaben. Um die Abfolge dieser Bausteine zu klären, genügte eine kleine Probe von etwa 200 Milligramm Mammutknochen.

Daraus haben die Forscher die DNA isoliert und diese dann mit einer neuen Methode namens Multiple-Polymerase-Kettenreaktion genauer unter die Lupe genommen. Mit verschiedenen Tricks haben sie dabei zunächst einzelne, sich überlappende Bruchstücke der DNA-Sequenz gewonnen und diese dann zusammengesetzt. Die so entschlüsselte Sequenz ließ sich dann mit derjenigen der heutigen Elefanten vergleichen. Das Ergebnis war eindeutig: Es war der Asiatische Elefant, von dem sich vor 6,7 Millionen Jahren die Gattung der Mammuts abtrennte.

Blonde Mammuts

Wenn Künstler diese Mammuts zeichnen, lassen sie meist die kalten Winde der Eiszeitsteppen vor 40 000 Jahren am dicken, dunklen Fell der Tiere zerren. Richtig typisch für das reale Rüsseltier-Leben aber ist diese Szene nicht unbedingt. Die meisten Mammuts lebten nämlich gar nicht am Rande des ewigen Eises, sondern in wärmeren Gefilden. Fünf Mammut-Arten gab es damals, eine davon genoss zum Beispiel erst einmal das „Dolce Vita" am Mittelmeer. Erst vor vielleicht zwei Millionen Jahren zog es eine einzige Art der Riesen mit

den bis zu vier Meter Schulterhöhe – die heutige Elefantenverwandtschaft in Afrika bringt es gerade einmal auf 3,2 Meter – nach Nordosten in Richtung Eis. Hoch im Norden aber rückten damals immer wieder die Gletscher weit vor. Das Land am Rande der Eismassen entwickelte sich zu einer recht fruchtbaren Steppe, über die eiskalte Winde peitschten. Eine Mammut-Art passte sich an diese harschen Bedingungen an und ließ sich zum Beispiel einen dicken, wärmenden Pelz wachsen. Dessen Haare aber waren keineswegs immer dunkel. In Sibirien und Alaska tauchen jedenfalls immer wieder Überreste der bis zu zehn

Tonnen schweren Rüsseltiere aus dem Dauerfrostboden auf, die eindeutig helle Haare hatten. Doch warum waren einige Mammuts blond? Genauso gut könnte man fragen, wieso etliche Iren feuerrote Haare und Sommersprossen haben. Dieses Rätsel allerdings ist längst gelöst, eine Veränderung in einer MC1r genannten Erbanlage hellt die Haare der Inselbewohner auf.

Gibt es bei den Mammuts vielleicht eine ähnliche Erklärung? Diese Frage ist schwerer zu beantworten. Denn die meisten Mammuts verschwanden vor rund 10 000 Jahren von der Erde, nur ein paar Tiere lebten noch um 1700 v. Chr. auf der Wrangelinsel vor Ostsibirien. Das Erbgut toter Tiere aber zerfällt rasch in kleine Stücke und lässt sich daher nur schwer untersuchen, erklärt Max-Planck-Mitarbeiter Michael Hofreiter sein Handicap gegenüber anderen Forschern, die beispielsweise vollständiges Erbgut aus lebenden irischen Rotschöpfen gewinnen können.

Gemeinsam mit Kollegen aus sechs europäischen Ländern aber gelang dem Leipziger Wissenschaftler dieses Kunststück. Aus etlichen, rund 100 Bausteine großen Fragmenten, die der Zahn der Zeit vom Erbgut von vier Mammuts übrig gelassen hatte, setzte das Team in mühevoller Kleinarbeit und mit einigen neuen Methoden die Erbeigenschaft MC1r wieder zusammen, die heutzutage etlichen Iren ihre feuerroten Haare verschafft. Zum ersten Mal hatten Forscher damit eine komplette Erbeigenschaft eines längst ausgestorbenen Organismus rekonstruiert.

Die Mutation für irische Rotschöpfe fand sich im Mammut-MC1r-Erbgut zwar nicht. Stattdessen war bei zwei Mammuts ein ganz anderer einzelner Baustein

des Erbguts ausgetauscht. Obwohl beide Tiere im Abstand von rund 14 000 Jahren geboren wurden, fanden die Forscher beide Male exakt die gleiche Mutation – offensichtlich hielt sich diese Veränderung eine Zeit lang. In einer lebenden Zelle wird nach Vorlage des MC1r-Erbguts ein Protein hergestellt. Dessen 67. Baustein ist normalerweise eine Aminosäure namens Arginin. Bei der gefundenen Mutation aber wird diese durch eine andere Aminosäure ersetzt, die Biochemiker Cystein nennen. Genau diese Veränderung färbt den sonst dunklen Mammutpelz in einem blonden Ton.

Den Beweis für diese Annahme entdeckten US-Forscher zufällig genau zur gleichen Zeit wie das Team um den Leipziger Max-Planck-Wissenschaftler. Allerdings untersuchten die Amerikaner keine Mammuts, sondern eine Strandmaus mit blonden Haaren. Für das Tier ist diese Farbe überlebenswichtig, weil es so auf dem hellen Strand am Golf von Florida erheblich besser als mit dunklem Fell vor seinen Feinden getarnt ist. Beim Blick in das Erbgut fanden die verblüfften Forscher exakt die gleiche Mutation, die Michael Hofreiter bei den Mammuts entdeckt hatte. Eine einzige Veränderung im Erbgut könnte also etlichen Mammuts einen blonden Pelz verschafft haben. Man vermutet, dass sich die Mammuts mit ihrer hellen Fellfarbe an die Bedingungen der Eiszeit angepasst haben, denn viele der heute in arktischen Regionen lebenden Tiere wie zum Beispiel der Eisbär besitzen ebenso eine helle Fellfarbe. Zusätzlich war dies damals auch eine hervorragende Tarnung gegen Raubtiere wie den Säbelzahntiger, der zumindest kleinen Mammuts gefährlich werden konnte.

Zurück in den Wald

Als sich das Klima vor vier Millionen Jahren wieder einmal änderte und erstmals die Gletscher aus dem hohen Norden massiv nach Süden vorstießen, gingen auch in Afrika die Parallelen in der Entwicklung zwischen Menschen und Elefanten weiter: In dieser Zeit entstanden eine ganze Reihe von Frühmenschenarten. Gleichzeitig spalteten sich nach den Daten der Leipziger Forscher auch die afrikanischen Elefanten in zwei neue Arten, den Steppenelefanten *Loxodonta africana* und den Waldelefanten *Loxodonta cyclotis*.

In Europa lebten damals nicht nur Mammuts, sondern auch ein massiger Waldelefant, der dem heutigen Steppenelefanten verblüffend ähnelte. Erst als der Mensch und seine Vorfahren die europäische Bühne betraten und mit ersten Waffen die Jagd begannen, endete auch die Blütezeit der Elefanten. Die letzten Mammuts starben vor vielleicht 4000 Jahren auf einer Insel vor Sibirien, die Mastodonten verschwanden vor 10 000 Jahren. Der europäische Elefant wurde bereits vor 120 000 Jahren zum letzten Mal in Mitteleuropa gesehen, in Südeuropa lebte er noch vor wenigen Zehntausend Jahren.

Ob der Mensch viele Elefantenarten wirklich ausgerottet hat, ist zwar umstritten. Aber es finden sich immer wieder Fossilien von Mammuts, Mastodonten und Europäischen Waldelefanten, denen noch ein Speer zwischen den Rippen steckt. Ganze drei Arten der Rüsseltiere haben es schließlich bis ins 21. Jahrhundert geschafft. Und jede dieser Arten liebt ein Wasser- oder Schlammbad über alles. Die Erinnerung an die Urahnen, die einst ganz im Wasser lebten, ist also auch heute noch sehr lebendig.

Der Stammbaum der Nashörner

Beim Begriff „Dickhäuter" fallen den meisten Menschen auf Anhieb zwei ein: Elefanten und Nashörner. Abgesehen von der dicken Haut und ihrer enormen Größe aber haben beide Familien wenig gemeinsam. Während die drei Elefantenarten zur letzten noch lebenden Familie der Rüsseltiere gehören, sind die fünf Nashornarten sogenannte Unpaarhufer, zu denen noch zwei weitere Familien gehören: Pferde und Tapire (siehe Abbildung Seite 38).

Die ersten Unpaarhufer

Nashörner haben also durchaus noch eine weitere Verwandtschaft. Besonders ähnlich sieht sie ihnen allerdings nicht. Das ist auch nicht weiter erstaunlich, schließlich gehen die Dickhäuter unter den Unpaarhufern schon sehr lange eigene Wege. Dabei haben sie Eigenschaften entwickelt, die sie von allen anderen Tieren unterscheiden. Es ist wohl 55 Millionen Jahre her, dass die ersten Unpaarhufer auftauchten. Eines dieser Tiere, das Hyracotherium, ähnelte verblüffend einem modernen Pferd. Allerdings war es gerade einmal 40 Zentimeter lang und 20 Zentimeter hoch. Nicht viel anders sah auch Hyrachyus aus, der als erster Vorfahre der Nashörner gilt, aber auch nicht größer als das Urpferd war. Beide Arten fraßen wohl in den Wäldern der damaligen Zeit Blätter.

Die Ahnen der Nashörner wuchsen dann erst einmal und stellten prompt den Größenrekord für Säugetiere auf: Acht Meter lang und mehr als fünf Meter hoch war zum Beispiel ein Riesennashorn namens Paraceratherium. Trotz dieses enormen Wachstums aber hatte das gewaltige Tier, das noch ganz ohne Horn daher kam, vor 30 Millionen Jahren seine Lebensweise kaum geändert. Genau wie sein Vorfahre Hyrachyus fraß auch das Paraceratherium Blätter von den Bäumen, die im heutigen Zentralasien wurzelten. Mit seinen etwa 20 Tonnen Gewicht war dieser Riese rund viermal schwerer als ein heutiger Elefant. Das typische Horn eines Nashorns aber hatte der Gigant noch nicht.

Während das Paraceratherium aber zu einer längst ausgestorbenen Linie der Nashorn-Verwandten gehört, lebten zur gleichen Zeit auch bereits die direkten Vorfahren der heutigen Nashörner. Diese Amynodontidae waren ähnlich groß wie ihre heute lebenden Nachfahren, hatten aber noch keine Hörner. Und sie lebten wie auch die Vorfahren der Elefanten anscheinend im Wasser. Aus diesen Tieren entwickelten sich die heutigen Nashörner, von denen noch drei Gruppen existieren.

Die Verwandtschaft der Nashörner

Eine der drei heute lebenden Gruppen von Nashörnern bilden die beiden Arten Breitmaulnashorn (siehe Abbildung unten) und Spitzmaulnashorn, die beide im südlichen Afrika leben und vor rund fünf Millionen Jahren aus einem gemeinsamen Vorfahren entstanden. Bereits vor ungefähr zehn Millionen Jahren aber

spaltete sich die zweite der heute lebenden Gruppen in die beiden Arten Panzernashorn (siehe Abbildung Seite 41) und das inzwischen nahezu ausgerottete Java-Nashorn auf, die beide in Asien leben.

Die letzte der drei Nashorngruppen wird heute allein vom Sumatra-Nashorn gebildet. Auch von dieser Art wandern kaum noch 300 Tiere durch die Wälder Südostasiens. Erneut ist die Jagd der Hauptgrund für ihr Verschwinden. Mit dem Sumatra-Nashorn würde eine Nashorngruppe von der Erde verschwinden, die es bereits seit etwa 26 Millionen Jahren in dieser Form gibt und die damit eine der urtümlichsten Säugetierarten auf dem Globus ist. Damals spalteten sich die Sumatra-Nashörner von den afrikanischen Nashörnern ab, zeigen Untersuchungen des Erbguts DNA. Allerdings hatten diese Tiere zunächst auch noch etliche Verwandte, die alle sehr lange existierten.

Das Waldnashorn lebte zum Beispiel auch im heutigen Mitteleuropa. Ein fast vollständiges Skelett wurde in Sachsen-Anhalt gefunden, weitere Funde kommen aus der Nähe von Stuttgart, aus Israel und aus der russischen Steppe. Wie sein nächster Verwandter, das Sumatra-Nashorn, fraß wohl auch das Waldnashorn Blätter von den Bäumen. Es ähnelte wahrscheinlich am ehesten den heutigen Spitzmaulnashörnern Afrikas. Erst als der Mensch in der letzten Eiszeit in Europa verstärkt in Erscheinung trat, verschwand das Waldnashorn.

Das Wollnashorn (siehe Abbildung links) mit seinem mehr als einen Meter langen Horn ist ebenfalls sehr eng mit dem Waldnashorn und mit dem Sumatra-Nashorn verwandt. Allerdings war es kein Laubfresser, sondern ähnelte wie das afrikanische Breitmaulnashorn einem überdimensionalen Rasenmäher. Das vordere Horn war flach wie ein Brett und diente wohl als riesige Schneeschaufel, mit deren Hilfe das Tier im Winter an das unter der weißen Schneedecke liegende Gras herankam. Ähnlich wie die Wollmammuts lebte auch das Wollnashorn südlich der eiszeitlichen Gletscher und fand dort reichlich Gras. Viele Funde beweisen, dass die mächtigen Tiere, die mit ihren riesigen Hörnern kaum einfache Beute gewesen sein dürften, von den Neandertalern gejagt wurden. Auch der moderne Mensch wird wohl seine Speere gegen Wollnashörner gerichtet haben. Wie ihr Verwandter, das Waldnashorn, starb auch diese Art nach der letzten Eiszeit aus. Die letzten Wollnashörner trabten wohl vor 8000 Jahren über die Steppen der heutigen Ukraine.

Nicht viel anders ging es mit hoher Wahrscheinlichkeit einem weiteren Mitglied der Sumatra-Nashorn-Sippschaft, dem Steppennashorn. Auch dieser Dickhäuter lebte in den Kältesteppen des Nordens, auch er verschwand, als der Mensch in seinem Lebensraum auftauchte. Den letzten Beweis für diese sogenannte Overkill-Theorie, nach der Menschen viele Großtierarten ausgerottet haben, liefern aber die letzten fünf Nashornarten, die heute noch auf der Erde leben.

Jede von ihnen hat der Mensch nachweislich unmittelbar an den Rand des Aussterbens gebracht. Immerhin zwei dieser Arten aber konnten sich von der Jagdleidenschaft des Menschen wieder erholen, als sie streng geschützt wurden: das Breitmaulnashorn Afrikas sowie in geringerem Umfang auch das Panzernashorn Asiens.

Elefanten

Wissenschaftliche Studien können die schönsten Geschichten zerstören: Lange behaupteten Fernsehteams und Journalisten felsenfest, Elefanten torkelten bisweilen stockbesoffen unter den afrikanischen Marula-Bäumen *Sclerocarya birrea* umher. Das mag ja so sein, vom Alkohol aber rührt die schlechte Koordination der Bewegungen mit Sicherheit nicht, wiesen Forscher von der Universität im englischen Bristol Ende des Jahres 2005 nach. Zwar enthalten die mirabellengroßen Marula-Früchte tatsächlich drei Prozent Alkohol. Aber nur dann, wenn sie drei oder vier Tage vorher vom Baum gefallen sind. Die Elefanten aber holen sich die Früchte fast immer direkt von den Ästen und verschmähen das vergorene Fallobst. Alkohol bekommen sie so also kaum in den Magen. Selbst wenn sie aber die mit drei Prozent Alkohol angereicherten Marulas vom Boden fressen würden, müssten sie an einem Tag das Vierfache einer normalen Tagesration ausschließlich solche Früchte verspeisen. Und sie müssten auf ihren täglichen Schluck Wasser verzichten, der normalerweise 150 Liter in den Magen spült. Nur dann könnten sie sich unter den günstigsten Umständen einen halbwegs bemerkbaren Rausch anfressen, rechneten die Zoologen kühl aus. Da Elefanten aber praktisch nie auf ihren Wasser-Drink verzichten und vergorene Marula-Früchte meiden, müssen andere Substanzen als Alkohol an ihrem Getorkel schuld sein. Wissenschaftler vermuten, dass es sich dabei um giftige Käferpuppen handelt, die in der Rinde der Marula-Bäume leben. Wenn die Dickhäuter diese bei einer Rindenmahlzeit mitfressen, haben sie ihre Schritte anschließend nicht mehr richtig unter Kontrolle und handeln sich so einen unverdienten Ruf als Trunkenbolde ein. Nüchterne Studien wie diese fügen bis heute immer wieder neue Mosaiksteine zum Leben der Elefanten hinzu.

Afrikanischer Savannenelefant

Die erste Begegnung mit einem Afrikanischen Elefanten lässt wohl niemanden kalt. Man steht vor einem grauen Gebirge auf vier kräftigen Säulenbeinen und hofft, dass es keine schlechte Laune hat. Denn auf den ersten Blick ist klar, dass man gegen einen ärgerlichen Dickhäuter nicht die geringste Chance hätte. Schließlich sind Savannenelefanten die größten Landtiere, die es heute auf der Erde gibt. Innerhalb der Säugetiere können nur die Wale in den Ozeanen mit noch größeren und schwereren Körpern aufwarten.

BIOLOGISCHER STECKBRIEF

Wissenschaftlicher Name
Loxodonta africana

Familie
Elefanten (Elephantidae)

Heimat
Afrika südlich der Sahara, aber nicht im Regenwald

Lebensraum
Trockenwald, Savannen, einige Halbwüsten und Wüsten

Größe
Bis 3,3 m hoch, 7,5 m lang, 6 t schwer

Ernährung
Gräser, Wurzeln, Blätter, Rinde, Holz, Früchte

Rekordhalter mit Rüsseln

Als im November 1974 bei Mucusso in Angola Jäger einen Elefantenbullen geschossen hatten, trauten sie ihren Augen kaum. Das Tier war fast vier Meter hoch und maß von der Spitze seines Rüssels bis zum Ende seines Schwanzes stolze 10,67 Meter. Der graue Koloss brachte gut zwölf Tonnen auf die Waage und ließ damit selbst seine Artgenossen im Vergleich klein und zierlich wirken. Denn solche Maße sind selbst für einen Elefanten ungewöhnlich. Im Durchschnitt werden männliche Savannenelefanten bis zu 3,3 Meter hoch, 7,5 Meter lang und etwa sechs Tonnen schwer. Die Weibchen sind deutlich kleiner als gleichaltrige Bullen und wiegen etwa drei Tonnen.

Bei so imposanten Körpern wundert es nicht, dass Savannenelefanten eine ganze Reihe von Größenrekorden halten. So haben sie nicht nur den größten Kopf aller Landtiere, sondern auch das größte Gehirn. Schon bei neugeborenen Rüsselträgern wiegt es mehr als vier Kilogramm – und ist damit ungefähr dreimal so schwer wie das Denkorgan eines erwachsenen Menschen. Auch der Spitzname „Dickhäuter" kommt nicht von ungefähr: Die ledrige, graue Haut mit den vielen Runzeln ist bis zu vier Zentimeter dick, dabei aber sehr empfindsam. Die Tiere spüren genau, wo an ihrem riesigen Körper ein winziges Insekt krabbelt, das sie dann mit einem gezielten Rüssel- oder Schwanzhieb oder mit einem Ohrenwedeln verscheuchen.

Rezepte gegen die Hitze

Die Ohren sind bei Elefanten aber nicht nur zum Hören und zum Verjagen von summenden Plagegeistern da. Gleichzeitig helfen sie auch, die Körpertemperatur zu regulieren. In den Ohrmuscheln strömt das Blut durch zahlreiche feine Adern und gibt dabei Wärme nach außen ab. Das funktioniert umso besser, je größer die Ohren sind. Also stehen die Savannenelefanten auch gleich noch als Besitzer der weltweit größten Ohren im Guinnessbuch der Tierrekorde. Schließlich leben sie unter brennender Tropensonne in den Grasländern südlich der Sahara, wo oft nur wenige Bäume Schatten spenden. Da ist ein eingebautes Kühlsystem sehr praktisch. Mit seiner Hilfe können die Elefanten das in die Ohren strömende Blut um bis zu 19 °C abkühlen. Und die körpereigene Klimaanlage ist nicht nur sehr effektiv, sondern lässt sich sogar regulieren. Niedrigere Temperaturen erreichen die Tiere, indem sie mit den Ohren wedeln oder sie in den Wind halten. Wenn es ihnen dagegen zu kalt wird, legen sie die Hörorgane einfach dicht an den Körper.

In den heißen Monaten der Trockenzeit aber wird es den Tieren trotz kühlender Ohren in der Mittagszeit zu warm. Dann drängt sich oft ein ganzer Trupp der grauen Riesen im spärlichen Schatten einer kleinen Baumgruppe. Savannenelefanten sind gesellige Tiere, die in Familienverbänden mit durchschnittlich etwa zehn Mitgliedern leben. Da kann es schon mal eng unter den Ästen werden. Für die Jungtiere ist das allerdings kein Problem. Sie legen sich zur Siesta einfach unter die Schatten spendenden Bäuche ihrer Mütter.

Afrikanischer Waldelefant

Mit 2,8 Meter Schulterhöhe sind die Waldelefanten einen halben Meter niedriger als ihre Vettern in den Savannen. Auch die sechs Meter Länge eines ausgewachsenen Bullen im Regenwald sind eineinhalb Meter weniger als bei der Verwandtschaft in der offenen Landschaft. Die Stoßzähne sind ebenfalls kleiner, dafür aber deutlich härter. Das bewährt sich im dichten Wald, in dem die Zähne höheren Belastungen ausgesetzt sind. Längere Stoßzähne wären im Reich der Bäume ziemlich oft im Weg.

In anderer Hinsicht hat der Waldelefant aber auch mehr zu bieten als die Dickhäuter in der Savanne. So wachsen ihm deutlich mehr Haare. Hat der Savannenelefant an den vorderen Füßen vier Zehen und an den hinteren drei, übertrumpft ihn der Waldelefant mit einer Zehe mehr an jedem seiner vier Füße.

Gravierend unterscheiden sich die Lebens- und Verhaltensweisen beider Arten. Frisst der Savannenelefant vor allem Gras, schmecken dem Waldelefanten besonders Blätter, Zweige, Rinde und Früchte. „Seine Ernährung ähnelt mehr dem Gorilla als dem Savannenelefanten", resümiert Lee White von der amerikanischen Wildlife Conservation Society (WCS).

BIOLOGISCHER STECKBRIEF

Wissenschaftlicher Name
Loxodonta cyclotis

Familie
Elefanten (Elephantidae)

Heimat
Vor allem im Kongobecken

Lebensraum
Regenwälder Zentralafrikas

Größe
Bis 2,8 m hoch, 6 m lang, weniger als 5 t schwer

Ernährung
Blätter, Zweige, Rinde, Früchte

Ein wahrer Feinschmecker sei der Waldelefant obendrein, meinte Günter Merz, der bis zu seinem Unfalltod im Jahr 2000 beim deutschen World Wide Fund for Nature (WWF) in Frankfurt die Schutz-maßnahmen im Bereich der tropischen Wälder koordiniert hat und der weltweit wohl der beste Kenner dieser Art war. Gezielt sucht der Dickhäuter sich aus der schier unermesslichen Fülle von Pflanzenarten seine rund 150 Lieblings-speisen aus. Der Grund für diese Vorlieben: Die ausgewählten Arten enthalten besonders viel Eiweiß, Fett und Kalzium. So liegt

der Eiweißgehalt der häufig gefressenen Pflanzen bei 18 Prozent, während die verschmähten Gewächse nur zehn Prozent Eiweiß enthalten.

Kleine Familien

Auch das Sozialverhalten des Waldelefanten ist ganz anders als bei seinem Vetter in der Savanne. Zwei, drei, allenfalls sechs Tiere streifen zusammen durch den Regenwald. In der Savanne dagegen schließen sich die Dickhäuter zu Gruppen zusammen, die zwischen acht und mehr als 100 Mitglieder umfassen. Ihr Lebensraum zwingt den Waldelefanten diese relative Einsamkeit auf. Unter einem Baum im Regenwald finden nun einmal nicht mehr als zwei oder drei Tiere Platz.

Trotzdem scheint auch diese Art das Leben in großen Gruppen nicht ganz aufgegeben zu haben. Offensichtlich verständigen sich Waldelefanten über große Entfernungen mit ultratiefen Tönen, die mit fünf Hertz weit unterhalb des menschlichen Hörvermögens liegen. Die einzelnen Kleingruppen koordinieren mithilfe dieser Ultrabässe ihre Wanderungen, um gemeinsam an einem bestimmten Treffpunkt anzukommen, berichtet die US-Amerikanerin Andrea Turkalo, die seit An-fang der 1990er-Jahre im Südwesten der Zentralafrikanischen Republik das Sozial-verhalten der Waldelefanten beobachtet.

Asiatischer Elefant

BIOLOGISCHER STECKBRIEF

Wissenschaftlicher Name
Elephas maximus

Familie
Elefanten (Elephantidae)

Heimat
Süd- und Südostasien, heute noch in 13 Ländern

Lebensraum
Regenwald und andere Wälder, Dornbuschland

Größe
Bis 3 m hoch, 6,4 m lang, 5 t schwer

Ernährung
Gras, Rinde, Wurzeln, Blätter

Asiatischer Elefant

Obwohl er etwas kleiner ist als sein afrikanischer Verwandter, beeindruckt auch der Asiatische Elefant mit seiner imposanten Figur. Ein Bulle kann es durchaus auf fünf Tonnen Gewicht und drei Meter Höhe bringen, die Weibchen sind kleiner und leichter.

Wissenschaftler unterteilen die Asiatischen Elefanten in fünf Unterarten, die sich in ihrem Verbreitungsgebiet, aber auch in ihrem Aussehen unterscheiden. Die Größenrekorde unter den Dickhäutern Asiens stellen regelmäßig die Ceylon-Elefanten auf, die Borneo-Zwergelefanten mit ihren gerade einmal 2,5 Meter Höhe wirken dagegen tatsächlich wie Zwerge. Indische, Sumatra- und Malaya-Elefanten liegen in der Körpergröße irgendwo zwischen diesen beiden Extremen.

Auch die Farbe der Haut unterscheidet sich je nach Unterart, die Palette reicht von dunkelgrau bis braun. Manche Tiere sind auch gescheckt mit rosafarbenen Flecken auf Stirn, Ohren, Rüssel und Brust.

Schattenfans mit kleinen Ohren

Trotz aller Unterschiede aber haben die Asiatischen Elefanten auch ein paar typische Gemeinsamkeiten, die sie von ihren afrikanischen Verwandten unterscheiden. Ihr Rücken zum Beispiel ist rund statt zu einem Hohlkreuz durchgebogen und auf ihrer Stirn thronen zwei deutlich sichtbare Höcker. Am auffälligsten aber sind die Ohren, die viel kleiner sind als beim Savannenelefanten. Dieser Unterschied fällt auch Laien sofort auf. Als in den 1960er-Jahren die populäre amerikanische Tierserie „Daktari" gedreht wurde, mussten die Maskenbildner daher ein wenig schummeln. Eine der Hauptdarstellerinnen der in Afrika spielenden Filme war nämlich eine asiatische Elefantenkuh namens Modoc. Die musste sich für ihre Rolle falsche afrikanische Ohren ankleben lassen.

Der Grund für das unterschiedliche Design der Hörorgane lässt sich leicht erklären. Während sich nämlich die Herrscher der afrikanischen Savanne mit ihren Riesenohren Kühlung verschaffen müssen, können die asiatischen Dickhäuter auf eine solche körpereigene Klimaanlage verzichten. Denn sie leben in tropischen und subtropischen Regenwäldern, in verschiedenen anderen Laubwäldern und in Dornbuschland – überall dort also, wo dichtes Gehölz für genügend Schatten sorgt. Zudem legen sie auch Wert auf Wasserstellen, an denen sie jeden Tag trinken und sich mit erfrischenden Bädern abkühlen können.

Solche Planschaktionen (siehe Abbildung Seite 62) scheinen für die Tiere ein echtes gesellschaftliches Vergnügen zu sein. Ähnlich wie ihre afrikanischen Verwandten leben auch Asiatische Elefanten in Familiengruppen mit bis zu

zehn Weibchen und Jungtieren zusammen. Da wird beim täglichen Bad schon mal der Rüssel voll Wasser genommen und einem Artgenossen eine kräftige Dusche verpasst. Elefanten können aber auch gut schwimmen und scheuen dabei vor Herausforderungen nicht zurück. Auf Nahrungssuche überqueren die grauen Vegetarier problemlos selbst größere Flüsse wie den Kinabatangan in Malaysia.

Graue Methusalems

Ein schattiger Wald mit Wasser und Nahrung, aber ohne bewaffnete Menschen – so sieht in Dickhäuter-Augen das Paradies aus. In einem solchen Lebensraum können Asiatische Elefanten uralt werden. Zwar hat kein Säugetier eine so hohe Lebenserwartung wie der Mensch. Doch die Asiatischen Elefanten sind vermutlich am dichtesten dran. Während die afrikanischen Rüsseltiere in freier Wildbahn mit etwas Glück um die 60 Jahre alt werden, sind bei ihren asiatischen Verwandten auch 70-jährige Methusalems keine Seltenheit. In Gefangenschaft gehaltene Weibchen haben sogar noch mit 60 Jahren Nachwuchs geboren.

Und immer wieder gibt es Gerüchte über Exemplare, die sogar ihren achtzigsten Geburtstag erlebt haben. Wissenschaftler halten ein so hohes Alter durchaus für möglich. Schließlich war Fernsehstar Modoc immerhin 78 Jahre alt, als sie 1975 starb. Damit hält das Tier den offiziellen Altersrekord für Elefanten.

Genetische Überraschungen

Immer neue Arten in Afrika

Auch wenn Elefanten normalerweise eher gemütliche Tiere sind, liefern sie manchmal blitzschnell faustdicke Überraschungen. So glaubten nahezu alle Biologen bis zum Ende des 20. Jahrhunderts, dass nur eine Elefantenart durch Afrika trottet.

Innerhalb dieser Art würden die Tiere sich ihrem Lebensraum anpassen. Weil unter den Bäumen wenig Platz ist, seien die Elefanten im Regenwald dann eben kleiner als ihre Kollegen in der Savanne. Die Pygmäen des Regenwalds sind ja schließlich ebenfalls deutlich kleiner als die Massai in den Savannen Kenias. So logisch diese Überlegung klingt, so falsch ist sie auch. Als Molekularbiologen im Jahr 2001 das Erbgut der Elefanten in der Savanne mit dem der kleineren Waldelefanten Zentralafrikas verglichen, blieb kein Zweifel: Die beiden Rüsseltiere sind genetisch fast so weit voneinander entfernt wie Menschen von Gorillas oder Schimpansen. Wer also dem Schimpansen das Wahlrecht verweigert, sollte auch Wald- und Savannenelefanten für zwei Arten halten.

Genetische Überraschungen

Die nächste Überraschung erlebten US-amerikanische Forscher, als sie das Erbmaterial DNA aus dem Dung wild lebender Elefanten aus Afrika isolierten. Es stammt von Zellen aus dem Verdauungstrakt der Dickhäuter, die von der faserigen Pflanzennahrung abgeschabt und mit dem Kot ausgeschieden werden. Das Erbgut westafrikanischer Elefanten aber unterscheidet sich deutlich von dem der beiden anderen Arten in Afrika. Die Entwicklungslinie dieser Tiere hat sich wohl schon vor etwa zwei Millionen Jahren von den restlichen afrikanischen Elefanten getrennt. Natürliche Barrieren wie die Wüstenregion Dahomey Gap in Ghana, Togo und Benin, das Nigerdelta oder die Vulkanregion Südwestkameruns dürften die unabhängige Evolution der westafrikanischen Dickhäuter begünstigt haben. Wegen ihrer langen eigenen Entwicklungsgeschichte sollte man nach Ansicht mancher Forscher wohl auch diese Elefanten als eigene Art anerkennen. Braunbären und Eisbären gehen beispielsweise erst ein paar Hunderttausend Jahre eigene Wege und sind ebenfalls als eigene Arten anerkannt.
Kaum entstanden, sehen die Zukunftschancen der noch jungen Art des „Westafrikanischen Elefanten" schon wieder schlecht aus. Gerade einmal 12 000 Exemplare soll es davon noch geben und jedes Jahr dürften es ein paar weniger werden. Dazu kommt noch, dass die Elefanten Westafrikas sowohl in der Savanne als auch im Wald leben. Manche Vertreter ähneln eher den Savannenelefanten, andere den Waldelefanten. Dieses Aufsplittern in verschiedene Lebensräume aber verringert die Überlebenschancen weiter.

Asiatisches Rätsel

Eine einzige Art mit fünf Unterarten – bei den Asiatischen Elefanten scheinen auf den ersten Blick klare Verhältnisse zu herrschen. Doch ein Blick hinter die Kulissen zeigt auch in diesem Fall immer wieder Überraschungen im Dickhäuter-Stammbaum.

Großes Rätselraten herrschte zum Beispiel lange Zeit um den Borneo-Zwergelefanten. Nur etwa 1000 Exemplare dieser kleinsten heute lebenden Elefanten streifen durch die Flussauen und Tieflandregenwälder im Nordosten von Borneo (siehe Abbildung links). Die versprengten Populationen beschränken sich dort nur auf den malaysischen Bundesstaat Sabah, in keinem anderen Teil der Insel sind sie bisher aufgetaucht. Woher aber stammen diese Tiere, wer waren ihre Ahnen?
Um diese Frage rankten sich etliche Legenden und Spekulationen. Als Wissenschaftler der Columbia University in den USA und Naturschützer des World Wide Fund for Nature (WWF) im Jahr 2003 einen Blick ins Erbgut der grauen Inselbewohner warfen, war zumindest eines klar: Die Tiere waren weder mit ihren Artgenossen auf dem asiatischen Festland noch mit denen auf Sumatra näher verwandt. Offenbar waren sie schon seit langer Zeit eigene Wege gegangen. Rasch war auch eine Theorie gefunden, die zu diesem Befund passt: Demnach begann die Geschichte der Borneo-Zwergelefanten am Ende der letzten Eiszeit. Vor etwa 10 000 Jahren nämlich stieg durch das Wasser der schmelzenden Gletscher der Meeresspiegel an Dadurch wurde die Landverbindung zwischen Borneo und dem asiatischen Festland überflutet, sodass etliche Elefanten auf der Insel festsaßen. Isoliert von ihren Artgenossen begründeten diese Tiere dann eine eigene Entwicklungslinie. Allerdings wurden auf Borneo bisher keinerlei Fossilien gefunden, die all das beweisen könnten.

Genetische Überraschungen

Wissenschaftler vom Sarawak-Staatsmuseum auf Borneo halten daher eine andere Erklärung für wahrscheinlicher. Demnach stammen die Tiere ursprünglich gar nicht aus Borneo, sondern von der Nachbarinsel Java. Dort gab es früher eine eigene Unterart des Asiatischen Elefanten, die allerdings im 16. Jahrhundert ausgerottet wurde. So schien es zumindest. Durch einen Zufall aber könnten ein paar Exemplare dieser Dickhäuter doch überlebt haben, meinen die Forscher. Damals war es in Südostasien nämlich durchaus üblich, lebende Elefanten als Gastgeschenke in andere Regionen zu verschiffen. Bevor die Java-Elefanten ausstarben, sind auf diese Weise wohl einige Exemplare in die heutige philippinische Provinz Sulu gelangt. Die Nachfahren dieser Tiere kamen dem Sultan von Sulu gerade recht, als er im 17. Jahrhundert nach einem passenden Präsent suchte. Bei einem Staatsbesuch nahm er einige davon nach Borneo mit. Für das Überleben der Tiere war das ein echter Glücksfall. Denn auch in Sulu sind die Nachfahren der Java-Elefanten schon im 18. Jahrhundert ausgestorben. Nur auf Borneo hat diese Unterart offenbar ein Refugium gefunden und bis heute überlebt. Ob die Rettung allerdings von Dauer sein wird, kann im Moment niemand sagen. Denn die Wälder in denen die Dickhäuter leben, werden für die Gewinnung von Holz, Gummi und Palmöl immer weiter zerstört.

Entsteht gerade eine neue Elfantenart?

Verschollen geglaubte Unterarten, die plötzlich anderswo wieder auftauchen, können den scheinbar so übersichtlichen Stammbaum der Asiatischen Elefanten schon einmal kräftig durcheinanderwirbeln. Doch selbst im Erbgut von Tieren aus der gleichen Region verbergen sich noch Geheimnisse. Wie andere Tiere und auch Menschen bewahren Elefanten ihr Erbmaterial DNA an zwei unterschiedlichen Stellen in ihren Zellen auf. Einige Gene sitzen in den für die Energieversorgung zuständigen kleinen Zellkraftwerken, die Biologen Mitochondrien nennen. Der weitaus größte Teil der Erbinformationen aber sitzt im Zellkern. Dieser Teil der DNA galt bei Asiatischen Elefanten lange als ziemlich einheitlich. Genau deswegen gehören diese Rüsseltiere ja auch alle zur gleichen Art.

Im Jahr 2007 aber warfen Wissenschaftler vom Leibniz-Institut für Zoo- und Wildtierforschung in Berlin einen genaueren Blick in die Zellkerne von 78 frei lebenden Dickhäutern aus Thailand – und staunten nicht schlecht. Die Weibchen besaßen zwar wie erwartet ein ziemlich einheitliches Erbgut. Bei den Männchen aber gibt es zwei Gruppen, die sich genetisch deutlich unterscheiden. Das könnte bedeuten, das auch die asiatischen Rüsseltiere wie ihre Verwandten in Afrika in Zukunft getrennte Wege gehen werden. Der Asiatische Elefant ist offenbar gerade dabei, sich in zwei verschiedene Arten aufzuspalten.

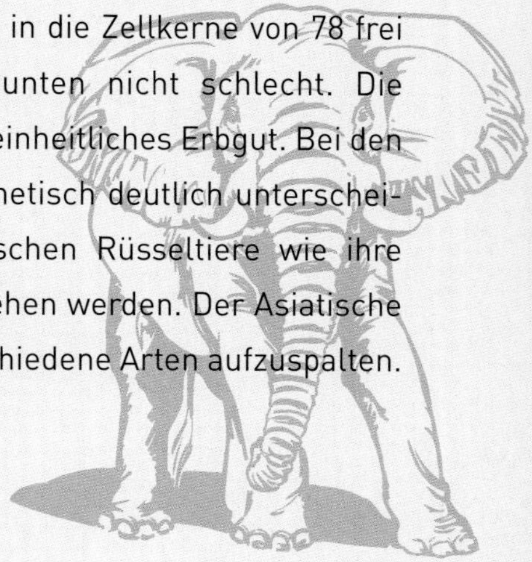

Mit Rüssel und Zähnen

In ein paar Details mögen sich die Dickhäuter verschiedener Regionen ja unterscheiden. Doch wer jemals einen Elefanten gesehen hat, dürfte auch dessen gesamte Verwandtschaft mühelos erkennen. Ihr äußeres Design ist einfach zu ungewöhnlich, als dass man die Tiere mit irgendwelchen anderen Erdenbewohnern verwechseln könnte.

Lange Schnorchel

Das wohl auffälligste Markenzeichen aller heute lebenden Elefanten ist der Rüssel. Den benutzen die Tiere zum Atmen und Riechen – schließlich ist er im Lauf der Evolution aus Nase und Oberlippe entstanden. Wenn die Dickhäuter einen tiefen Fluss überqueren wollen, ist so ein langes Atemorgan besonders praktisch. Dann können sie den Rüssel nämlich einfach über die Wasseroberfläche halten und als Schnorchel benutzen.

Zoologen und Ärzte verblüfft es sehr, wenn Elefanten abtauchen und nur noch die Rüsselspitze aus dem Wasser ragt. Wissen sie doch, dass beim Menschen ein ähnliches Verhalten tödlich wäre. Daher dürfen Sportgeschäfte und Kaufhäuser keine Schnorchel verkaufen, die länger als 30 Zentimeter sind. Um diese Gefahr zu verstehen, muss man die Lunge ein wenig genauer anschauen. Dieses Organ ist mit einer dünnen Haut überzogen, die Mediziner Pleura nennen. Eine ganz ähnliche Haut kleidet auch die Brusthöhle von innen aus. Wie ein Schmiermittel erlaubt Gewebeflüssigkeit im sogenannten Pleuraspalt zwischen den beiden Häuten, dass Lunge und Brustkorb sich gegeneinander bewegen. Da der Druck im Pleuraspalt ein wenig niedriger als in der Lunge ist, drängen sich die Lungenflügel gegen das Brustfell und halten so den Pleuraspalt klein.

Taucht ein Mensch, steigt der Druck auf alle Körperteile mit der Tiefe immer weiter an. Würde ein Taucher nun über einen langen Schnorchel atmen, wäre seine Lunge direkt mit der Atmosphäre in Kontakt. Dann würde in der Lunge

der gleiche Druck wie in der Luft über dem Wasser herrschen, während der Rest des Körpers einem deutlich höheren Druck ausgesetzt wäre. Direkt am Lungenfell wäre daher der Druck auf kurzer Distanz stark verändert. Je nach Tiefe würden in diesem Bereich die Blutgefäße platzen und das Gewebe zerreißen. Vor allem aber verschwände der Unterdruck im Pleuraspalt und die Lungen fielen in sich zusammen. Damit wäre die Sauerstoffversorgung des

Organismus unterbunden, der Schnorchler befände sich in akuter Lebensgefahr. Elefanten aber scheint dieser Druckunterschied auf kürzester Entfernung nichts auszumachen. Selbst ihr Kopf und Rücken sind oft zwei Meter unter Wasser, während gleichzeitig der aus dem Wasser gestreckte Rüssel für einen normalen Luftdruck in der Lunge sorgt. Als John West von der University of California in San Diego drei verstorbene Elefanten genauer untersuchte, fand er rasch des Rätsels Lösung: Elefanten haben anders als Menschen und alle anderen Säugetiere überhaupt keinen Pleuraspalt, der mit Gewebeflüssigkeit gefüllt ist. Stattdessen ist der Raum zwischen Brust- und Lungenfell mit Bindegewebe ausgekleidet. Dieses Bindegewebe hält die Lunge am Brustfell fest und verhindert so, dass die Lungen beim Schnorcheln in sich zusammenfallen. Da Bindegewebe aber auch elastisch ist, können sich Brustkorb und Lunge nach wie vor gegeneinander bewegen.

Bisher haben Zoologen kein anderes Tier gefunden, dass in ähnlicher Weise an das Schnorcheln angepasst ist. Vermutlich hat sich diese Eigenschaft entwickelt, als sich die Vorfahren der Elefanten vor 40 Millionen Jahren auf ein Leben am Grund flacher Gewässer einrichteten. Parallel hat sich die Nase zu einem langen Schnorchel entwickelt, der den Elefanten-Urahnen auch unter Wasser das Atmen ermöglichte.

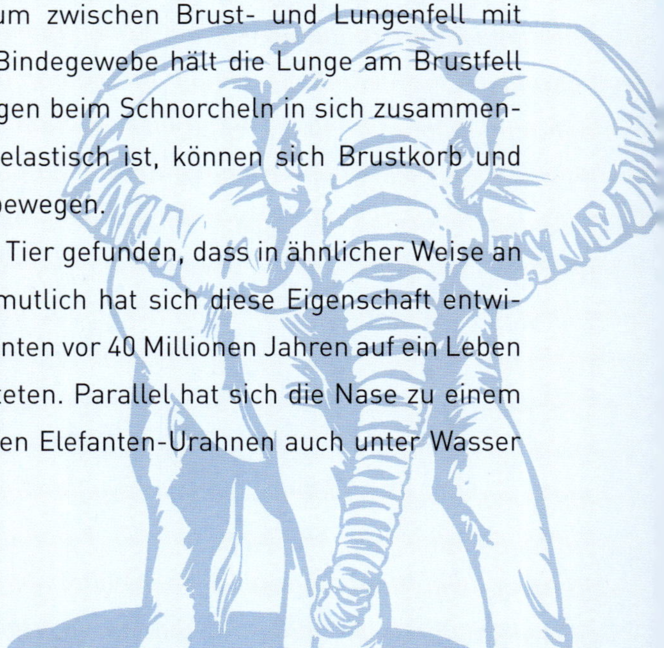

Ein Werkzeug für alle Lebenslagen

Doch außer Luftholen kann so ein Elefantenrüssel noch viel mehr. Aus der Riesennase ist im Lauf der Jahrmillionen ein Werkzeug für alle Lebenslagen geworden, ohne das heutige Elefanten völlig aufgeschmissen wären.

Schließlich haben die Tiere nur einen sehr kurzen Hals, sodass ihr Kopf nicht sonderlich beweglich ist. Ohne Rüssel könnten sie deshalb weder fressen noch trinken. Zum Glück aber besitzen sie ein Greiforgan mitten im Gesicht, das keinen einzigen Knochen, dafür aber um die 40 000 Muskeln enthält. Mit seiner Hilfe können sie Blätter in etlichen Meter Höhe abrupfen oder einen erfrischenden Schluck aus dem nächsten Fluss zu sich nehmen.

Mit Rüssel und Zähnen

Ungefähr einen Wassereimer voll Flüssigkeit können die Tiere vielleicht 40 Zentimeter hoch in ihren Rüssel hineinsaugen. Diese Ladung spritzen sich die durstigen Dickhäuter dann ins Maul. Oder sie nutzen das Wasser für eine Dusche für sich selbst oder ihre Artgenossen – in Gefangenschaft kommen manchmal auch die Pfleger in diesen zweifelhaften Genuss. Damit das Wasser nicht zu früh aus seinem länglichen Transportbehälter hinausfließt, können die Tiere ihren Rüssel eine Zeit lang verschließen. Dazu haben Asiatische Elefanten einen kleinen Fortsatz an seiner Spitze, bei ihren afrikanischen Kollegen sind es zwei.
Diese Auswüchse sind aber nicht nur zum Abdichten des Rüssels praktisch, die Tiere können damit auch wie mit Fingern sehr geschickt nach Gegenständen greifen.

Problemlos pflücken sie damit auch die kleinsten Früchte. Oder sie heben einen Stock auf, um sich am Rücken zu kratzen. Damit das funktioniert, brauchen die grauen Riesen allerdings nicht nur einen beweglichen Greifarm, sondern auch einen gut entwickelten Tastsinn. Tatsächlich machen feine Haare an der Spitze den Rüssel auch noch zu einem sehr empfindlichen Tastorgan, das selbst die kleinsten Unebenheiten wahrnehmen kann. Gleichzeitig ist das vielseitige Greifwerkzeug aber auch kräftig genug, um Bäumstämme in die Luft zu stemmen. Und wenn es gerade nichts aufzuheben, abzubrechen oder einzusaugen gibt, kann man mit dem Rüssel ja immer noch trompeten oder ein paar freundliche Gesten gegenüber den Artgenossen machen. Bei Bedarf auch drohende. Und wenn irgendein Konkurrent das nicht richtig versteht, lässt sich der Rüssel auch noch als ziemlich wirksamer Schlagstock einsetzen.

Gewaltige Zähne

Neben dem Rüssel tragen Elefanten noch eine andere eindrucksvolle Waffe im Gesicht. Die bekannten Stoßzähne der Dickhäuter sind nicht etwa zu groß geratene Eckzähne, sondern umgewandelte obere Schneidezähne. Sie stecken etwa zu einem Drittel im Oberkiefer und ragen dann vor allem bei Bullen ein gutes Stück aus dem Maul. Schon bei ihrer Geburt haben die kleinen Elefanten Milchstoßzähne, die allerdings höchstens fünf Zentimeter lang werden. Mit etwa einem Jahr verlieren sie diese kleinen Stummel und ersetzen sie durch eine größere Version.

Im Lauf ihres Lebens wachsen diese Zähne dann immer weiter. Der größte bisher bekannte Stoßzahn eines modernen Elefanten stammt aus der Demokratischen Republik Kongo und bringt es auf 3,5 Meter Länge. Die schwerste je gefundene Elefantenwaffe dagegen war ein 117 Kilogramm schweres Stück aus Benin, vor dem im Jahr 1900 bei der Weltausstellung in Paris Scharen von staunenden Besuchern standen.

Allerdings trägt längst nicht jeder Elefant so prächtige Gebilde im Maul. Während in Afrika beide Geschlechter mit Stoßzähnen ausgerüstet sind, tragen weibliche Asiatische Elefanten nur noch kümmerliche Stummel im Kiefer, die man von außen gar nicht mehr erkennen kann. Auch einige Männchen der asiatischen Dickhäuter haben ihre Waffen im Lauf der Entwicklungsgeschichte abgeschafft. In Südindien zum Beispiel trotten bis zu 90 Prozent aller Bullen ohne eine solche Zierde durch die Gegend. In Sri Lanka dagegen haben fast alle Männchen ihre Stoßzähne behalten. Die werden allerdings meist nicht so groß wie bei ihren afrikanischen Geschlechtsgenossen. Selbst die Rekordhalter unter den Stoßzahnträgern nutzen ihre spitzen Waffen allerdings meist mehr zum Drohen und Imponieren. Bei echten Kämpfen kommen sie eher selten zum Einsatz. Dafür leisten sie manchmal gute Dienste beim Abschälen von Baumrinde.

Kauen bis zum Tod

Wenn es direkt ums Fressen geht, kann man mit imponierenden Stoßzähnen allerdings wenig anfangen. Deshalb besitzen Elefanten auch noch Backenzähne, mit denen sie ihre Pflanzenkost zerkauen. Wenn ein kleiner Dickhäuter geboren wird, hat er in Ober- und Unterkiefer zwei solcher Backenzähne auf jeder Seite. Der erste davon ist nur so groß wie eine Streichholzschachtel, der zweite schon wie ein Zigarettenpäckchen. Mit der Zeit kaut der Elefant diese ersten Zähne ab. Sie wandern dann im Kiefer nach vorn und brechen scheibchenweise ab. Stattdessen rücken von hinten neue Kauwerkzeuge nach, die mit zunehmendem Alter immer größer ausfallen. Bei älteren Tieren erreichen sie durchaus die Maße von Backsteinen. Irgendwann aber ist Schluss mit der sorgenfreien Gebisserneuerung. Sechs Zähne auf jeder Kieferseite hat ein Elefant insgesamt zur Verfügung. Die letzten davon sind meist im Alter von etwa 65 Jahren abgenutzt. Dann kann der Dickhäuter nichts mehr fressen und muss hungern.

Einem zahmen Elefanten kann man dann vielleicht noch helfen. Im Jahr 2004 jedenfalls haben Tierärzte in Thailand dem 60 Jahre alten Weibchen Morakot als erstem Elefanten der Welt ein künstliches Gebiss verpasst. Sie pflanzten dem Tier 15 Zentimeter lange Zähne aus Stahl, Silikon und Plastik in den Kiefer. Daraufhin begann Morakot tatsächlich wieder zu fressen.

Für einen wild lebenden Dickhäuter aber ist der Verlust seiner Zähne das Todesurteil.

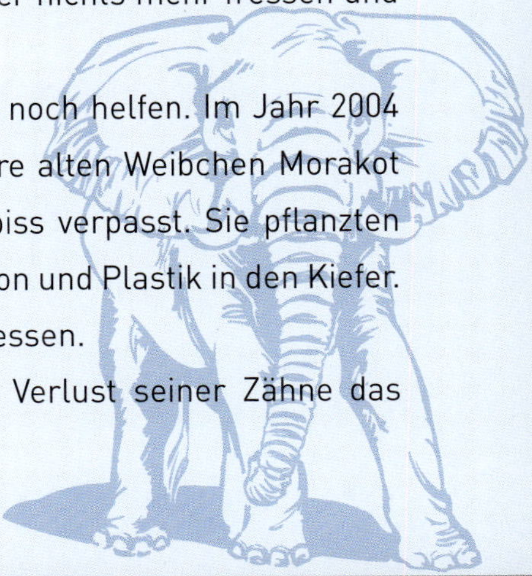

Eine Zeit lang kann er vielleicht noch überleben, wenn er irgendwo möglichst weiche Kost findet. Irgendwann aber reichen die Kräfte nicht mehr und das Tier stirbt. Um ihr Ende hinauszuzögern, ziehen sich viele alte Elefanten in Sumpfgebiete zurück, wo noch die für Zahnlose am besten fressbaren Pflanzen wachsen. Dort findet man deshalb deutlich häufiger tote Elefanten als in anderen Regionen. Aus dieser Beobachtung ist die Legende entstanden, dass sich die Dickhäuter zum Sterben auf Elefantenfriedhöfen versammeln. Wissenschaftler halten diese Ansicht aber für falsch und glauben eher an die Begründung, dass die weicheren Pflanzen die alten Elefanten mit schlechtem Kauwerkzeug in die Sümpfe locken.

Leben in Gesellschaft

Bis ihre letzte Stunde schlägt aber haben vor allem die weiblichen Elefanten ihr Leben immer in Gesellschaft verbracht. Die Dickhäuter trotten in Herden durch Savannen und Wälder, die ganz unterschiedlich groß sein können. Zur Paarungszeit oder in einem Schlaraffenland mit reichlich Nahrung schließen sich manchmal mehr als 100 Tiere zusammen. Ist dagegen das Futter knapp, zieht oft auch nur eine Handvoll Tiere gemeinsam umher. Die meisten Elefanten aber leben in Gruppen mit acht bis 25 Mitgliedern. Weibchen und erwachsene Männchen gehen dabei die meiste Zeit getrennte Wege.

Erfahrung zählt

Elefantenkühe legen viel Wert auf familiäre Bindungen. Sie schließen sich in Familiengruppen zusammen, die aus mehreren verwandten Tieren und ihrem Nachwuchs bestehen. Dabei ist die Elefantengesellschaft straff organisiert, die Position der einzelnen Mitglieder richtet sich nach ihrem Alter. Ganz an der Spitze steht das älteste Weibchen, die sogenannte Matriarchin.

Sie entscheidet, wann die Herde zum Fressen anhält, wann sie weiter zieht und welchen Weg sie einschlägt. Und wenn Gefahr droht, ist sie der ruhende Pol, um den sich die Artgenossinnen sammeln.
Eine solche Führungsposition aber braucht viel Erfahrung. Meist sind die Kühe schon über 40 Jahre alt, wenn sie in diese Rolle hineinwachsen. Dann haben sie gelernt, was es über den Lebensraum, seine Wasserlöcher, Nahrungsquellen und Gefahren zu wissen gibt. Von diesem Erfahrungsschatz aber hängt das Überleben der ganzen Gruppe ab. Wenn die Matriarchin getötet wird, hat das

für die Herde oft fatale Folgen. Denn dann finden sich die jungen Weibchen plötzlich in einer Rolle wieder, die noch ein paar Nummern zu groß für sie ist. Sie kennen sich weniger gut aus, können bedrohliche Situationen schlechter einschätzen und bringen damit leicht das Überleben der Gruppe in Gefahr. Wenn Wilderer alte Weibchen abschießen, kann das also auch für viele weitere Elefanten das Todesurteil bedeuten.

Normalerweise aber erreichen die Anführerinnen ein stolzes Alter von bis zu 60 Jahren. Das ist im Tierreich ungewöhnlich. Denn bei den meisten anderen Säugetierweibchen läuft die Lebenszeit ab, wenn sie nicht mehr fruchtbar sind. Menschen- und Elefanten-Großmütter dagegen leben munter weiter, auch wenn sie schon längst keinen Nachwuchs mehr bekommen können. Das liegt vermutlich daran, dass die Erfahrung der Veteraninnen für das Überleben der nächsten Generationen so wichtig ist. Den Elefantenweibchen bleibt so genügend Zeit, ihr Wissen weiterzugeben.

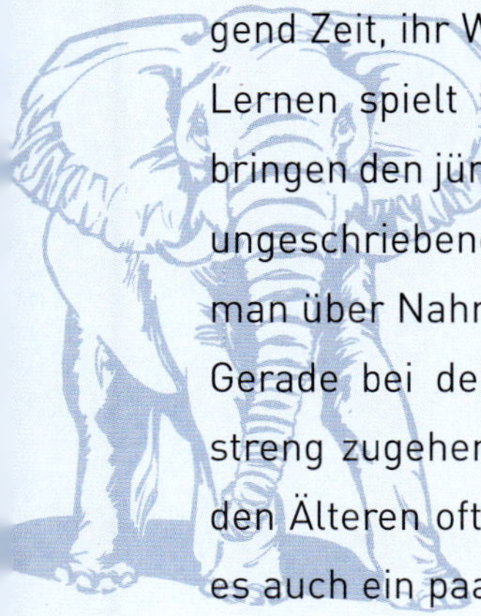

Lernen spielt in der Elefantengesellschaft eine wichtige Rolle. Ältere Tiere bringen den jüngeren bei, wie man sich gegenüber Artgenossen verhält, welche ungeschriebenen Gesetze des Zusammenlebens es zu beachten gilt und was man über Nahrung und Landschaft wissen muss.

Gerade bei der Erziehung der jüngeren Elefanten kann es dabei durchaus streng zugehen. Wenn der Nachwuchs über die Stränge schlägt, wird er von den Älteren oft mit bestimmten Lauten zur Ordnung gerufen. Manchmal setzt es auch ein paar Rüsselhiebe.

Mit männlichen Halbstarken allerdings muss sich die Herde nicht mehr herumschlagen. Wenn die Bullen mit etwa zwölf Jahren in die Pubertät kommen, zeigen sie viel Interesse an Sex und werden ziemlich ungestüm – ein Verhalten, das die Mütter der jüngeren Kälber nicht dulden. Also müssen die jungen Männchen die Gruppe verlassen, in der sie geboren wurden. Sie streifen dann entweder allein oder zu zweit umher oder schließen sich zu Junggesellengruppen zusammen. Erst zur Paarungszeit treffen sie sich dann wieder mit Weibchen.

Lass uns reden!

Damit eine ausgeklügelte Gesellschaft wie die der Elefanten auch wirklich funktioniert, müssen sich die einzelnen Tiere verständigen können. Wer nicht mitbekommt, dass er dem anderen gerade zu nahegetreten ist, kann sich schließlich schnell ein ernsthaftes Problem einhandeln. Damit es nicht zum Kampf kommt, sollte man daher die Laune seines Gegenübers gut einschätzen können. Es gilt, genervte Artgenossen zu besänftigen und Rivalen zu drohen, Bekannte zu begrüßen und um Hilfe zu rufen. Das alles können Elefanten in ihrer eigenen Sprache recht gut ausdrücken.

Manche dieser Botschaften können auch Nicht-Elefanten problemlos entschlüsseln. Ein Dickhäuter, der mit erhobenem Kopf, wedelnden Ohren und pendelndem Rüssel auf sein Gegenüber losstürmt, macht seine Botschaft mehr als klar: „Hau ab!“ Das begreifen umherstreifende Löwen ebenso rasch wie wagemutige Fotografen. Andererseits kann die Körpersprache der Rüsseltiere auch Unterwürfigkeit signalisieren. Ein Elefant, der die Ohren anlegt, den Rücken krümmt den Schwanz hebt und heftig mit dem Rüssel wedelt, will bei einem überlegenen Tier gut Wetter machen. Elefantenbabys stecken zu diesem Zweck auch noch den Rüssel ins Maul ihrer Mutter oder eines anderen größeren Artgenossen.

Besänftigender Honigduft

Doch nicht nur mit Gesten, sondern auch mit Gerüchen bringen Elefanten wichtige soziale Botschaften an den Artgenossen. So können die Bullen die gesellschaftliche Stellung und damit die Gefährlichkeit ihres Gegenübers an dessen „Parfüm“ erkennen. US-amerikanische und indische Wissenschaftler haben die Geruchsbotschaften enträtselt, die Asiatische Elefanten während der sogenannten Musth austauschen. In dieser Phase geraten die männlichen Dickhäuter regelmäßig in eine Art Rausch. Sie sind dann sexuell besonders aktiv, aber auch extrem aggressiv und als Arbeitstiere vorübergehend kaum zu gebrauchen. Äußerlich erkennt man Bullen in der Musth an einem dunklen Sekret, das aus Drüsen in der Nähe der Augen fließt.

Die Forscher haben nun die chemische Zusammensetzung dieses Sekrets bei unterschiedlich alten Tieren analysiert. Noch nicht geschlechtsreife Männchen sondern eine Flüssigkeit ab, die aus verschiedenen süßlich duftenden Verbindungen besteht. Zusammensetzung und Geruch dieser Mischung erinnern an Honig. Der Duft-Cocktail ist vermutlich als eine Art chemische Beschwichtigung für die älteren Bullen gedacht. „Ich bin noch keine Konkurrenz für euch“, soll er signalisieren und die Jungelefanten so vor Aggressionen schützen. Tatsächlich ignorieren alte Bullen ihre honigduftenden Artgenossen weitgehend.

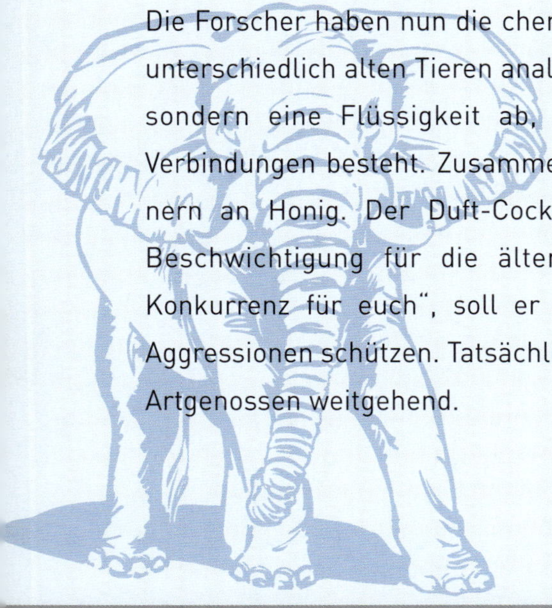

Sobald die Jungtiere aber selbst an der Schwelle zum Erwachsenwerden stehen, ändern sich ihre chemischen Signale. Statt süßem Duft verströmt das Sekret erwachsener Tiere einen unangenehm strengen Geruch, der den jüngeren Artgenossen signalisiert: „Geht mir aus dem Weg." Auch diese Botschaft kommt offenbar an, jugendliche Männchen machen meist einen großen Bogen um die Sekrete von älteren. Auf diese Weise vermeiden die Duftsignale unnötige Aggressionen zwischen den Generationen.

Trompete und Ultrabass

Neben Gesten und Gerüchen hat die Elefantensprache aber auch eine ganze Menge verschiedener Laute zu bieten. Das wohl bekannteste Elefantengeräusch entsteht, wenn die Tiere durch ihren Rüssel tröten. Dieses oft beeindruckend laute Trompeten signalisiert Aufregung oder kochende Wut.

Auch mit Schreien machen die Dickhäuter klar, dass sie extrem schlechter Laune sind oder gerade einen Rangkampf auszufechten haben. Die Baby-Version dieses Geschreis ist ein klägliches Quieken, mit dem verängstigte Kälber nach ihrer Mutter rufen. Elefantenkühe reagieren prompt auf dieses Geräusch und sehen sich nach möglichen Bedrohungen für ihren Nachwuchs um. Sich zwischen sie und ihr quiekendes Kalb zu stellen, ist daher keine gute Idee.

Doch nicht alle Elefantenlaute haben mit Aggressivität oder Gefahr zu tun. Manchmal will man ja auch einfach nur wissen, wo die Artgenossen sind. Dazu dienen grunzende Geräusche. Manche dieser Laute sind so tief, dass menschliche Ohren sie nicht hören können. Doch sie schallen kilometerweit. Vor allem Waldelefanten nutzen in ihrem unübersichtlichen Lebensraum gern solche Botschaften, um ihre Wanderungen zu koordinieren. Sie nutzen ihre Fernkommunikation per Ultrabass ganz ähnlich wie Menschen, die sich per SMS oder Mail zu einem bestimmten Treffpunkt verabreden.

Lastwagen und Fremdsprachen

Neben solchen in vielen Regionen üblichen Lauten kennen Elefanten aber auch noch eine Art Dialekt. Asiatische Elefanten machen etwas andere Geräusche als ihre afrikanischen Verwandten und auch Artgenossen haben je nach Region einen unterschiedlichen Tonfall entwickelt. Dabei sind sie allerdings durchaus bereit, ihre Sprache immer wieder um neue Ausdrücke zu bereichern. So haben Wissenschaftler um Joyce Poole vom Amboseli Trust for Elephants in Nairobi beobachtet, dass manche Dickhäuter begabte Imitatoren sind. Das Talent, Geräusche und Stimmen nachzumachen, kannten Biologen vor allem bei Affen, Vögeln und Meeressäugern. Dann aber stellte die zehnjährige Elefantenkuh Mlaika ihre Lernfähigkeit auf diesem Gebiet unter Beweis. Das Tier lebt in einer halbzahmen Elefantenherde in Kenia. Sein Schlafplatz liegt etwa drei Kilometer von der Autobahn zwischen den Großstädten Nairobi und Mombasa entfernt. Also hört Mlaika regelmäßig nachts die Lastwagen vorbeidonnern. Mit der Zeit begann sie, diese Geräusche nachzumachen. Sie dröhnte wie ein Lastwagen. Die Forscher haben die Rufe des Elefanten akribisch mit dem Lkw-Lärm verglichen und kaum einen Unterschied entdeckt. Im Repertoire von Mlaikas Artgenossen fand sich dagegen kein auch nur ansatzweise ähnliches Geräusch. Ein anderer Afrikanischer Elefant namens Calimero dagegen hat sozusagen eine Fremdsprache gelernt. Seit 18 Jahren lebt der Bulle im Basler Zoo mit zwei weiblichen Asiatischen Elefanten zusammen. Diese Elefantenart verständigt sich mit typischen zirpenden Geräuschen, die bei Afrikanischen Elefanten unbekannt sind. Calimero aber hat diese Laute nicht nur übernommen, sondern gibt so gut wie keine anderen Töne mehr von sich. Da Elefanten in Gruppen mit wechselnden Mitgliedern zusammenleben, kann eine solche stimmliche Flexibilität sehr nützlich sein, meinen die Forscher. Denn sie hilft den Tieren, immer wieder neue soziale Kontakte zu knüpfen.

Sprachliches Elefantengedächtnis

Die Sprache der Elefanten unterscheidet sich aber nicht nur von Art zu Art und von Region zu Region. Auch jedes einzelne Tier hat seine ganz eigene Stimme. Und für diese Unterschiede scheinen vor allem die erfahrenen Leitkühe ein

echtes Elefantengedächtnis zu haben. Im Amboseli-Nationalpark Kenias haben Karen McComb von der University of Sussex und Cynthia Moss von der African Wildlife Foundation in Nairobi gemeinsam mit drei Kolleginnen das legendäre Erinnerungsvermögen der Dickhäuter getestet. Sie spielten den Leitkühen Tonbandaufnahmen des tiefen Lokalisierungs-Trompetens vor, mit dem sich die Tiere über Hunderte von Kilometer untereinander verständigen. Eine ältere Matriarchin merkt sich dabei anscheinend problemlos die typische Stimme von mindestens 100 Artgenossinnen. Nur wenn aus den Lautsprechern ein noch nie oder nur selten gehörtes Trompeten dröhnte, ließ eine erfahrene Leitkuh von mindestens 55 Lebensjahren ihre Herde in Verteidigungsstellung gehen. Schließlich kann ein fremdes Tier eventuell eine Gefahr bedeuten.

Weniger erfahrene Leitkühe unter 35 Jahren dagegen fallen viel häufiger auf den Trick mit der Tonbandaufnahme herein, da sie andere Tiere erheblich schlechter kennen als die Elefanten-Großmütter. Das bestätigt sich auch in der freien Wildbahn: Auch bei Begegnungen mit anderen Herden rufen jüngere Leitkühe viel häufiger als Elefanten-Großmütter den Verteidigungszustand aus, obwohl gar keine Gefahr besteht.

Das kostet die Herde aber eine Menge Energie, die sie besser für andere Aktivitäten nutzen könnte, schließen die Wissenschaftlerinnen aus einer ganz anderen Beobachtung: Herden mit älteren Leitkühen haben im Durchschnitt deutlich mehr Kälber als Herden, die von einer unerfahrenen Kuh geführt werden, die nur wenige andere Kühe sicher identifizieren kann.

Du und ich

Bei so viel Sinn für sprachliche Feinheiten wundert es nicht, dass Elefanten jedes Mitglied ihrer Gruppe persönlich kennen. Anhand von Stimme und Geruch unterscheiden sie genau, wer gerade vor ihnen steht. Der wird dann entsprechend seiner sozialen Stellung behandelt.

Selbst einzelgängerische Bullen können ihre Artgenossen sehr gut auseinanderhalten. Zwar gehen sie sich meist aus dem Weg, doch es gibt ja immer noch die „Schwarzen Bretter" für Dickhäuter-Nachrichten. Alle Männchen einer Region scheuern sich an bestimmten Bäumen und nutzen bestimmte Stellen als eine Art Gemeinschaftstoilette. So hinterlässt jeder seine Duftmarken, die über den Rang des jeweiligen Tieres Auskunft geben. Und jeder Bulle, der an diesen Geruchsbotschaften vorbeikommt, weiß genau, welcher Artgenosse wann dort gewesen ist.

Ein Gespür für Tote

Elefanten haben aber nicht nur ein sehr großes Interesse an ihren lebenden Artgenossen. Auch die Toten scheinen in ihrer Welt eine Rolle zu spielen. Bei Savannenelefanten haben Wissenschaftler mehrfach beobachtet, dass sie umgekommene Gruppenmitglieder zu vermissen scheinen. Und auch die Waldelefanten betrauern wohl ihre Toten, berichtet Andrea Turkalo, die seit Anfang der 1990er-Jahre im Südwesten der Zentralafrikanischen Republik das Sozialverhalten dieser Art beobachtet. Jedenfalls halten sie sich noch einige Zeit nach dem Tod eines Gruppenmitglieds in dessen Nähe auf.

Sogar wenn Fleisch und Haut der verendeten Artgenossen längst zerfallen sind, erkennen die Dickhäuter ihresgleichen noch. Einen anderen Schluss lassen die Versuche kaum zu, die Karen McComb von der University of Sussex und ihre Kollegen mit 19 verschiedenen Elefantengruppen im kenianischen Amboseli-

Nationalpark gemacht haben. Auf die Wege, auf denen die einzelnen Gruppen häufig unterwegs waren, legten die Forscher zunächst ein Stück Holz, einen Elefantenschädel und ein Stück Elfenbein. Letzteres weckte das besondere Interesse der Dickhäuter, sie berochen es ausgiebig und betasteten es mit Rüsseln und Füßen. Mit den beiden anderen Gegenständen beschäftigten sie sich bei Weitem nicht so lange.

Interessant wurde es dann in einem zweiten Versuch, bei dem die Biologen die Tiere mit drei Schädeln konfrontierten, die von einem Elefanten, einem Nashorn und einem Büffel stammten. Nun beschäftigten sie sich fast doppelt so lange mit dem Elefantenschädel wie mit den fremden Knochen. Offenbar ist

ein Elefant in ihrer Vorstellung nicht nur ein lebendiges, graues Lebewesen mit Rüssel. Auch in alten Knochen erkennen sie durchaus die Überreste eines Artgenossen. Zum individuellen Erkennen des Toten reicht so ein alter Schädel allerdings wohl nicht aus. Als die Forscher ihre Elefanten mit dem Schädel eines fremden Tieres und dem ihrer ehemaligen Leitkuh konfrontierten, zeigten sie jedenfalls kein verstärktes Interesse an ihrer verstorbenen Chefin.

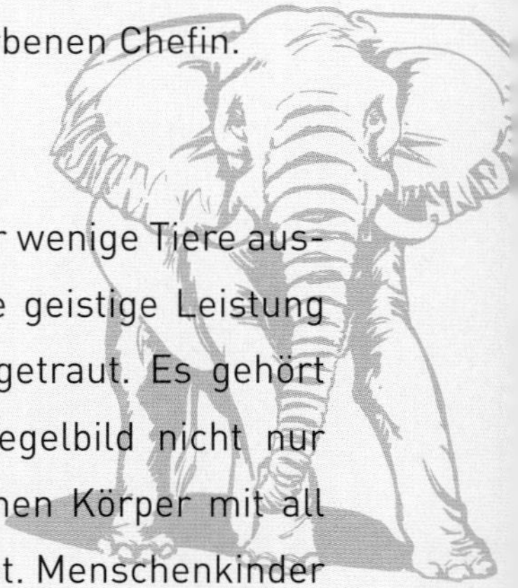

Spieglein, Spieglein an der Wand

Dafür haben die Dickhäuter aber ein weiteres Talent, das nur wenige Tiere auszeichnet: Sie erkennen sich selbst im Spiegel. Eine solche geistige Leistung hatten Wissenschaftler lange Zeit nur dem Menschen zugetraut. Es gehört schließlich einiges an Gehirnakrobatik dazu, in dem Spiegelbild nicht nur irgendeinen Artgenossen zu entdecken, sondern den eigenen Körper mit all jenen Stellen, die man normalerweise nie zu sehen bekommt. Menschenkinder schaffen diesen Schritt etwa mit eineinhalb bis zwei Jahren. Vielen Tieren dagegen bleibt das Wesen im Spiegel Zeit ihres Lebens fremd. Menschenaffen und Delfine allerdings begreifen nach einiger Zeit, wen sie vor sich haben.
Malt man zum Beispiel einem Schimpansen einen Fleck auf die Stirn, den er ohne Hilfsmittel nicht sehen kann, wischt er ihn nach einem Blick in den Spiegel gezielt ab.
Dass Elefanten diesen Test auch bestehen, war Wissenschaftlern lange entgangen. Möglicherweise lag das daran, dass die Spiegel in verschiedenen

Versuchen einfach nicht groß genug waren. Im Jahr 2006 aber bescheinigten amerikanische Verhaltensforscher um Frans de Waal von der Emory University in Atlanta den Dickhäutern das gleiche Talent zur Selbsterkenntnis wie den Schimpansen: Zumindest eine von drei Asiatischen Elefantenkühen im New Yorker Bronx-Zoo berührte immer wieder die Stelle an ihrem Kopf, die ein nur im Spiegel erkennbares weißes Farbkreuz zierte. Ihre beiden Kolleginnen beachteten das Kreuz zwar nicht, nutzten den Spiegel aber immerhin, um sich einmal selbst ins Maul zu schauen.

Ernährung und Ökologie

In einem Elefantenmaul verschwinden unvorstellbare Mengen Futter. Ein erwachsenes Tier schlingt jeden Tag um die 200 Kilogramm Gras und Blätter hinunter, auch Früchte, Wurzeln, Zweige und Rinde stehen auf dem Speiseplan. Um ihren gewaltigen Hunger zu stillen, sind die Tiere um die 17 Stunden am Tag

nur mit Fressen beschäftigt. Dabei hat eine Herde auf Nahrungssuche manchmal etwas von einem Abrisskommando an sich: Es kracht und splittert und schon hat mancher Baum ein paar Äste weniger. Dem energischen Zerren der grauen Rüssel ist das Holz einfach nicht gewachsen. Die dünneren Stämme nebenan werden von kräftigen Füßen gleich ganz niedergetreten, während das Laub büschelweise in den hungrigen Mäulern verschwindet. Elefanten können die Vegetation ihres Lebensraums kräftig umgestalten. Die versteckten Beziehungen zwischen den Dickhäutern und der Pflanzenwelt entschlüsseln Ökologen allerdings erst allmählich. Denn Elefanten sind keineswegs nur die gefräßigen Zerstörer, als die sie lange gesehen wurden. Mancherorts betätigen sie sich sogar regelrecht als Baumschützer.

Von Ameisen, Elefanten und Bäumen

In den Savannen Afrikas schützen die Rüsseltiere in einer raffinierten Dreiecksbeziehung die Bäume der Savanne, decken Todd Palmer von der University of Florida in Gainesville und seine Kollegen in Kalifornien, Kanada und Kenia auf. Zehn Jahre lang haben die Wissenschaftler in der Savanne im Hochland Kenias größere Areale mit hohen Zäunen vor den gefräßigen Mäulern größerer Säugetiere wie Elefanten und Giraffen geschützt. Ein Laie würde wohl vermuten, dass die Bäume dort besser wachsen, wenn niemand an ihnen knabbert. Schließlich müssen sie nicht laufend neue Blätter und Äste bilden und können ihre Kraft so auf das Wachstum konzentrieren.

In der Natur aber ist alles erheblich komplizierter, entdeckten die Forscher, als sie die eingezäunten Akazien der Art *Acacia drepanolobium* mit Artgenossen verglichen, an denen in der Nachbarschaft Elefanten und manchmal auch Giraffen kauen. Trotz des laufenden Verbisses wachsen die ungeschützten Bäume besser, die eingezäunten Akazien dagegen gehen im Durchschnitt doppelt so häufig ein wie ihre Artgenossen außerhalb des Zaunes.

Eine Erklärung für diesen überraschenden Effekt finden die Forscher bei den Akazien selbst. Die Bäume produzieren nämlich mehr Nektar, sobald Elefantenrüssel und Giraffenmäuler Blätter und Äste von ihnen abreißen. Dieser süße Leckerbissen aber lockt Ameisenarten wie *Crematogaster mimosae* an. Die Ameisen ziehen mit dem zucker- und energiereichen Nektar ihren Nachwuchs auf und haben ohne diese Zusatznahrung kaum eine Überlebenschance. Um ihre Nektarquelle zu verteidigen, attackieren die kleinen Ameisen auch große Säugetiere wie Elefanten und Giraffen heftig, die sich Blätter und Äste ins Maul stopfen wollen. Zwar können die Ameisen die fressenden Mäuler nicht völlig von ihrem Baum fernhalten: Besser geschützt als eine Akazie ohne eine solche sechsbeinige Verteidigungsarmee aber ist ein Baum mit einer Kolonie voller *Crematogaster mimosae* allemal.

Tatsächlich leben auf 52 Prozent der Akazien in der Savanne Kenias dann auch genau diese Ameisen, auf deren Verteidigungskraft die Gehölze bauen können, haben die Forscher gezählt. Auf 16 Prozent der anderen Bäume lebt eine verwandte Ameisenart, die Wissenschaftler *Crematogaster sjostedti* nennen.

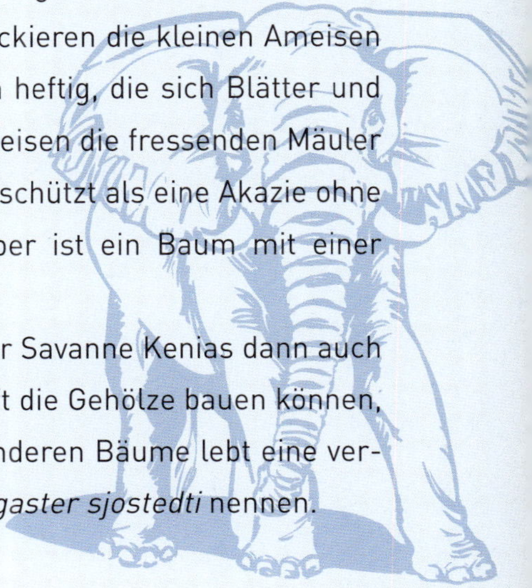

Die restlichen Akazien werden zu nahezu gleichen Teilen von Ameisen der beiden Arten *Crematogaster nigriceps* und *Crematogaster penzigi* besiedelt.

Da an den eingezäunten Bäumen aber keine Elefanten und Giraffen mehr Blätter und Äste abreißen können, vernachlässigen diese Akazien mit der Zeit ihre Verteidigungsanstrengungen und produzieren weniger Nektar für ihre Verteidigungsarmee. Darunter aber leiden vor allem die Ameisen der Art *Crematogaster mimosae*, die ihre Wirtsbäume sonst besonders gut vor Großsäugern schützen. Weil sie auf den Nektar angewiesen sind, suchen sich diese Ameisen bald andere Akazien.

Die frei gewordenen Bäume aber werden meist schnell von *Crematogaster sjostedti* besiedelt, die weniger Wert auf den Nektar legen, gleichzeitig die Akazien aber auch kaum verteidigen. Das schadet den Bäumen zwar nicht, weil Elefanten und Giraffen ja durch die Zäune abgehalten werden. Allerdings locken die Neuankömmlinge anscheinend mit Duftstoffen Bockkäfer an, die dann ihre Eier in den Baum ablegen. Die daraus schlüpfenden Käferlarven fressen sich durch das Holz der Akazien und schaffen so Gänge, in denen die Ameisen ihre Brut aufziehen können.

Unter den Fraßlöchern der Bockkäferlarven aber leidet die Gesundheit der Bäume erheblich. Die vor Elefanten und Giraffen geschützten Akazien wachsen unter den Larvenattacken erheblich schlechter als ihre Artgenossen, an denen die Großsäuger fressen. Doppelt so viele dieser anscheinend besser geschützten Bäume gehen schließlich ein.

Auch andere Bäume könnten solche Dreiecks-Schutzgemeinschaften mit Großsäugern und Ameisen geschlossen haben. Deshalb befürchten die Forscher, dass wohl manche Bäume aus den offenen Landschaften Afrikas verschwinden könnten, sobald Elefanten und Giraffen fehlen. Im Prinzip gestalten Elefanten also die typische Savannenlandschaft so, dass sie dort viele Akazienbäume finden, die zu ihren Grundnahrungsmitteln gehören. Die Waldelefanten-Verwandtschaft im Regenwald hält es da kaum anders.

Elefantenmahlzeiten

So abrupt bleibt der Pygmäe stehen, dass der Mitteleuropäer fast auf den kleinen Mann prallt, der eine kleine Gruppe Natur-Touristen durch den Regenwald

im äußersten Südwesten der Zentralafrikanischen Republik führt. Ängstlich fuchtelt der Pygmäe mit seiner Machete, deutet auf eine Stelle im Regenwald, die sich durch nichts vom Grün unterscheidet, durch das die kleine Gruppe seit Stunden streift. Vergebens starren die drei Europäer hinter ihm in die gleiche

Richtung. Nichts außer dem üblichen Gewirr aus dornigen Lianen, nassen Blättern und Düsternis erspähen sie dort. Die erschrockenen, weit aufgerissenen Augen des kleinen Mannes signalisieren große Angst, der zum Mund geführte Zeigefinger fordert absolute Stille. Aber auch als kein Zweigchen mehr unter den Schuhen der Weißen knackt, hört man außer der üblichen Geräuschkulisse im Regenwald nichts Außergewöhnliches. Bis der Pygmäe plötzlich mit der Machete mehrmals laut gegen eine Baumstamm schlägt. Keine fünf Meter vor ihm kommt Bewegung in den Regenwald, irgendetwas Großes bricht durch das Grün. Allenfalls für einen kurzen Augenblick taucht im Dämmerlicht des Regenwalds ein Stück graue Haut oder ein dunkler Stoßzahn auf, bevor der Koloss laut trompetend wieder im Halbdunkel verschwindet.

Einen Waldelefanten hat der Pygmäe aufgeschreckt. Die Europäer reiben sich erstaunt die Augen: Nicht einmal aus fünf Meter Entfernung haben sie das riesige Tier gesehen. Seine graue Haut verschwindet im Dämmerlicht unter der dichten Laubkrone des Regenwalds fast vollständig. Kein Wunder, wenn auch die Zoologen noch recht wenig über den scheuen Herrscher des Regenwalds wissen. Erst in den letzten Jahren lüfteten sie mithilfe moderner Methoden einige Geheimnisse um *Loxodonta cyclotis*, wie sie den Waldelefanten nennen.

Ernährung und Ökologie

Genau wie seine Verwandtschaft in der Savanne frisst auch ein afrikanischer Waldelefant bis zu 18 Stunden am Tag. Dabei vertilgt ein erwachsenes Tier zwischen 75 und 150 Kilogramm Pflanzen. Große Männchen schaffen sogar die doppelte Menge. Als besondere Delikatesse schätzt der Waldelefant Steinfrüchte, wie sie zum Beispiel der Makore-Baum *(Tieghemella heckelii)* trägt. Angelockt vom Geruch der Früchte wandert der Elefant bis zu 50 Kilometer weit gezielt auf diese Bäume zu, um sich den Magen mit Leckerbissen vollzustopfen, hat der Zoologe Günter Merz im Rahmen seiner Doktorarbeit an der Elfenbeinküste beobachtet. Auch der Baum profitiert vom feinen Geruchssinn des Dickhäuters. Seine Samen passieren dessen Darm nämlich unversehrt und plumpsen mit dem Kot auf die Pfade, die der Elefant in den Regenwald trampelt. Keimt der Samen, versorgt der Dung den jungen Baum gleich mit Nährstoffen. Entlang der Elefantenpfade wachsen daher oft Makore-Bäume. Verschwinden die Dickhäuter, sterben auch die Makore-Bäume aus. Denn ihr Samen keimt offensichtlich nur nach einer Passage durch den Elefantenmagen.

Fast 30 Prozent aller Regenwaldriesen verbreitet der Elefant mit diesem Trick. Mindestens 50 Baumarten in Zentralafrika sind sogar ausschließlich darauf angewiesen: Wenn sie nicht vorher durch den Darm eines Dickhäuters gewandert sind, keimen sie erst gar nicht. Das wohl spektakulärste Beispiel dafür ist der Omphalocarbum-Baum. Seine Früchte sind nicht nur so groß wie ein Männerkopf, sie sind auch so hart wie ein menschlicher Dickschädel.

Nur der Elefant knackt diese harte Nuss, indem er sie einfach mit seinem Stoßzahn durchbohrt. Der Dickhäuter sorgt so aber nicht nur für die Erhaltung der Pflanzenvielfalt im Regenwald, er mehrt gleichzeitig den materiellen Reichtum Afrikas.

So ähnelt der Dunghaufen eines Elefanten nach ein paar Tagen einem winzigen Garten. Bis zu 20 Baumarten sprießen aus einem einzigen Kothaufen, den ein Dickhäuter auf den Boden plumpsen lässt, während er durch das dichte Unterholz bricht. Der Dung des Elefanten versorgt den Schössling gleich mit Nährstoffen und verbessert so seine Überlebenschancen. Jahrzehnte später erschnüffelt die Leitkuh mit ihrem tastenden Rüssel entlang der selbst getrampelten Pfade dann viele typische Elefantenbäume. In 200 oder 300 Jahren werden auch die Holzfäller von diesem Organisationstalent der Dickhäuter profitieren. Denn die mächtige Elefantenkuh und ihre Artgenossen lassen entlang ihrer Pfade mit dem Dung die Samen der wertvollsten Tropenbäume fallen. Im Elefantenkot liegt also der spätere Reichtum der zentralafrikanischen Regenwälder. Damit aber ist der Schutz des Lebensraums der Dickhäuter im ureigensten Interesse der Holzfäller. Zumindest, wenn sie langfristig denken.

Ob die grauen Gärtner auch in Zukunft noch wertvolle Bäume pflanzen werden, ist allerdings keineswegs sicher. Denn Wilderer stellen den Dickhäutern im Regenwald gnadenlos nach. Allenfalls 200 000 Waldelefanten streifen noch durch Afrikas Urwald, schätzt die Naturschutzorganisation WWF. Allein in den 1980er-Jahren hat sich die Zahl der Tiere vermutlich halbiert.

Nicht nur Wilderei, sondern auch das immer tiefere Vordringen von Holzfällern und Diamantensuchern, Viehzüchtern und Ackerbauern in den Regenwald beschleunigt diese dramatische Entwicklung.

Elefanten und Menschen

Graue Gärtner unter Schutz

Die Naturschutzorganisation WWF hat sich entschlossen, gemeinsam mit den Regierungen von Gabun, Zaire, der Elfenbeinküste, der Republik Kongo, Kamerun und der Zentralafrikanischen Republik möglichst große Areale des afrikanischen Regenwalds als Rückzugsgebiet für den Waldelefanten zu schützen. Touristen erbringen zum Beispiel im Süden der Zentralafrikanischen Republik bereits heute einen Teil der nötigen Devisen für ein aufwändiges Naturschutzprogramm, von dem auch die Einheimischen profitieren.

Diese Touristen nehmen einiges auf sich, um die Waldelefanten hautnah zu erleben: Während vom dunkelgrauen Himmel unheilverkündend dumpf der Donner grollt, watet die kleine Gruppe, die wenige Tage vorher im Dickicht des Regenwalds so unvermittelt auf einen der Dickhäuter gestoßen war, durch einen Fluss. Bis an die Hüfte schwappt das trübe Wasser. Zu den Waldelefanten gibt es nun einmal keinen bequemeren Weg. Mit schlammigen Schuhen und triefenden Hosen stapfen die Naturenthusiasten im einsetzenden Tropenregen weiter durch den Dschungel der Zentralafrikanischen Republik. Lianen schlingen sich im düsteren Licht unter den dichten Wipfeln um Urwaldriesen. Eine Würgefeige erdrosselt in jahrzehntelanger Arbeit einen Baum. Mit dicken Dornen am Stamm wehrt sich ein Gehölz gegen das Gefressenwerden.

Nach einer halben Stunde tauchen mitten in diesem geheimnisvollen Regenwald urplötzlich Holzpfeiler auf, eine lange Treppe führt auf eine Plattform. Beim Blick auf die Lichtung vor der Konstruktion stockt der Atem. Fünfzehn, zwanzig Elefanten wühlen mit ihrem Rüssel im Schlamm. Manchmal graben die Dickhäuter in diesem Dzanga-Sangha genannten Schutzgebiet bis zu zehn Meter tiefe Höhlen in den Untergrund. Lange haben Wissenschaftler gerätselt, was sie dazu treibt. Der Geograf Gregor Klaus von der Universität Zürich hat dann Ende der 1990er-Jahre das Geheimnis gelüftet: Die Elefanten suchen im Boden nach Kaolin. Dieses Tonmineral ist in Europa als Rohstoff für die Porzellanherstellung bekannt.

Manche Pygmäen des Regenwalds aber nehmen diese Substanz gegen Durchfall ein. Ähnlich wie eine Kohletablette entzieht sie dem Darm Wasser und bindet verschiedene Giftstoffe. Genau das erklärt wohl auch die Begeisterung der Elefanten für Kaolin. Vermutlich machen die Dickhäuter damit Giftstoffe unschädlich, die sie mit den Blättern und Früchten täglich zu sich nehmen. Mit dem Mineral im Bauch können die Dickhäuter Blätter fressen, deren Gifte ihnen sonst Probleme bereiten würden. Das ist der Grund, aus dem die Dickhäuter täglich auf die Lichtung strömen. Und deshalb hat der WWF auch die Beobachtungsplattform gebaut.

Elefanten und Menschen

Mit den Waldelefanten wollen die Naturschützer Touristen anlocken. Die Einnahmen aus dem Tourismus sollen dann den Erhalt der imposanten Dickhäuter finanzieren. „Nur wenn die Menschen vor Ort etwas von dem Projekt haben, werden sie den Naturschutz auch unterstützen", erklärte Günter Merz die Grundidee dieses Vorhabens. Deshalb fließen 40 Prozent der Eintrittsgebühren in das Reservat mit der Beobachtungsplattform auch in einen Fonds, mit dessen Hilfe die Lebensbedingungen der Menschen verbessert werden sollen. Da werden Brunnen gebohrt, eine Entbindungsstation gebaut und ein mit Solarenergie betriebener Elektrozaun schützt die Felder der Bantu vor den gefräßigen Waldelefanten.

Dann gibt es da noch die mobile Klinik. Sie besteht aus dem afrikanischen Arzt Viktor Babon (siehe Abbildung rechts), aus einem klapprigen Landrover, einer großen Blechkiste mit Medikamenten und dem Assistenten Joseph Ngongo.

In jedem Pygmäendorf der Region taucht die mobile Klinik einmal in der Woche auf. Viktor Babon erklärt, wie man sich vor Aids oder Sandflöhen schützen kann und behandelt Malaria, Entzündungen oder Lepra. Erfolge aber lassen häufig auf sich warten. Sechs Jahre haben die Pygmäen gezögert, bevor sie endlich Sandalen anzogen, die vor Sandflöhen schützen. Und das, obwohl sie die Zusammenhänge zwischen barfuß laufen und den juckenden Eiern der Winzlinge unter der Fußsohle sehr gut verstehen. Vorsorge aber liegt nicht im Erfahrungsbereich der Menschen des Regenwalds, der doch jeden Tag praktisch alles bietet, was man zum Leben braucht.

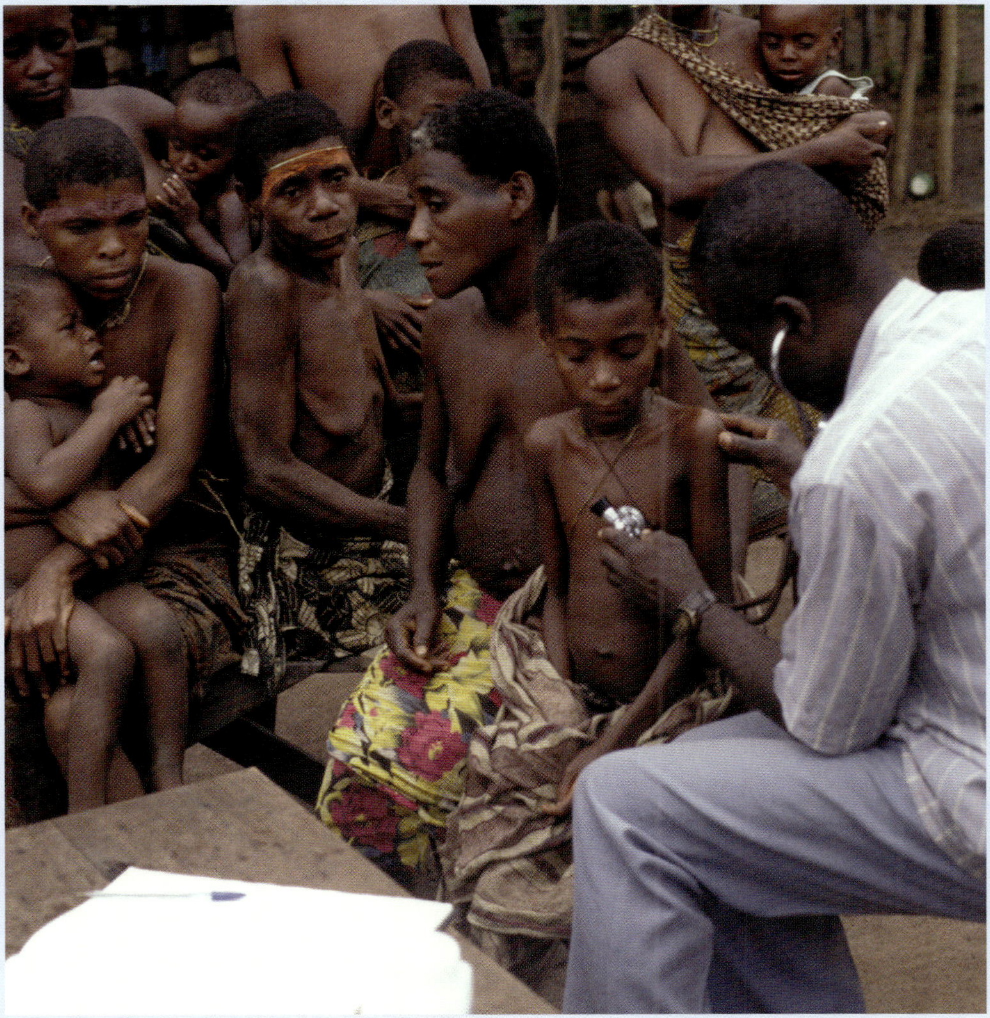

Auch die Pygmäen sind Teil des Tourismusprogramms, das der WWF initiiert hat. Mit den Frauen laufen die Öko-Reisenden zum Beispiel zum Kräutersammeln durch den Regenwald (siehe Abbildung links). Sogar zur Steigerung der Potenz ihrer Männer wissen die kleinen Afrikanerinnen ein Mittel: Man muss nur die Rinde des Mokakala-Baumes kauen. Spuckt der Mann das Gebräu aus, soll es obendrein Tiere anlocken und so das Jagdglück verbessern.

Flachlandgorillas sind eine weitere Attraktion im Regenwald um Bayanga. Die scheuen Menschenaffen lassen sich bisher nirgendwo sonst in Afrika in freier Wildbahn beobachten. Nur in Ruanda und Uganda gibt es Gorillafamilien, die Touristen dulden. „Dort aber handelt es sich um Berggorillas, die sich vollkommen anders verhalten als die Unterart im Flachland", erklärt der kanadische Zoologe Alastair McNeilage, der im Bwindi-Impenetrable-Nationalpark im Südwesten Ugandas als Direktor eines Instituts der Mbarara-Universität das Leben von rund 340 Berggorillas untersucht.

Rotbüffel und Ducker-Antilopen, Flusspferde und Nashornvögel, manchmal auch ein Leopard ergänzen die Großtierpalette, die dem Touristen vielleicht über den Weg laufen. Ein paar Hundert Touristen sollen nach den WWF-Erwartungen jedes Jahr die Strapazen einer Reise in die Zentralafrikanische Republik auf sich nehmen.

Die geringe Zahl reicht durchaus, um nicht nur das Programm der ländlichen Entwicklung voranzutreiben. Schon die Hälfte der Eintrittsgebühren für das Dzanga-Sangha-Reservat, in dem die Lichtung mit der Waldelefanten-Garantie liegt, genügen, um die dreißigköpfige Brigade zu bezahlen, die den Wilderern der Region das Handwerk legen soll. Zumindest den meisten. Denn auch Andre Ndinga, der Bürgermeister der Stadt Bayanga, greift gern zum Gewehr – auch ohne Erlaubnis. Eine solche Respektsperson aber wagt der WWF kaum anzutasten. Daher beschränken sich die WWF-Mitarbeiter, die mit dem Bürgermeister zusammenarbeiten müssen, auf den Wink mit dem Zaunpfahl, es nicht zu bunt zu treiben.

Aus zwei Gründen halten Wilderer in den Regenwäldern des Kongobeckens nicht nur auf Antilopen, sondern immer wieder auch auf Elefanten an. Das wertvolle Elfenbein kann man unter Umständen auf dem Schwarzmarkt illegal zu viel Geld machen, hoffen manche von ihnen. Oft aber geht es vor allem um das Fleisch, das als Delikatesse gilt und teuer verkauft wird. Mit Geldstrafen und Gefängnis kommt man solchen Praktiken aber kaum bei, weil anstelle der geschnappten Wilderer sofort neue Männer ihr Glück mit dem illegalen und daher lukrativen Geschäft suchen.

Hauptaufgabe der Wildhüter ist es daher, die Bevölkerung zu sensibilisieren und sie über das Problem aufzuklären. Rasch erkennen die Einheimischen, dass sie sich langfristig selbst schaden, wenn sie zu viel jagen und das Fleisch an die Holzfäller verkaufen. Längst räuchern manche Wilderer auch das Fleisch ihrer

Beute, um es für die lange Reise mit einem Holztransporter in die großen Städte haltbar zu machen. Denn auch dort ist dieses sogenannte Bushmeat begehrt und bringt viel Geld. Die ersten Auswirkungen des boomenden Bushmeat-Handels spüren die Menschen schon heute, erklärt WWF-Mitarbeiter Leonard Usongo, der mit dem Lobeke-Reservat in Kamerun unweit der Grenze zur Zentralafrikanischen Republik ein Schutzgebiet von der Größe des Saarlands betreut: „Viele Menschen am Rande der Schutzgebiete haben vor wenigen Jahren noch in weniger als zwei Kilometer Entfernung von ihren Dörfern gejagt. Dort haben die Wilderer längst alles weggeschossen. Heute müssen sie bis zu zehn Kilometer weit in den Wald gehen, bevor sie die Chance haben, eine Blauducker genannte kleine Antilope zu erlegen, die sie essen wollen."
Haben die Menschen diese Zusammenhänge begriffen, verhindern sie, dass Fremde in ihrem Gebiet wildern. Sie selbst schießen nur noch für den Eigenbedarf, sodass sich die Tierbestände auch in den Gebieten zwischen den Naturschutzreservaten langsam wieder erholen. Dort kann dann auch der Wald nachhaltig genutzt werden, regte der im Jahr 2000 tödlich verunglückte Günter Merz vom WWF Deutschland an. In Teilen der Region könne so Tropenholz geschlagen werden, das sich mit einem grünen Ökosiegel in Europa und Amerika gut verkaufen lassen dürfte. Gleichzeitig fühlt sich der Waldelefant in diesen nachhaltig genutzten Gebieten wohl und verbreitet über seinen Kot die gleichen wertvollen Bäume, die eben gefällt wurden. Mit dem Schutz des Waldelefanten erhalten die Naturschützer also langfristig eine sprudelnde Einnahmequelle.

Verhängnisvolles Elfenbein

Auch die beiden anderen Elefantenarten auf der Erde sind zum Überleben auf die Unterstützung von Naturschützern angewiesen. Lange Zeit hing die Zukunft der massigen Tiere in so gut wie allen ihren Lebensräumen am seidenen Faden. Und der Hauptgrund dafür war die unstillbare Gier des Menschen nach Elfenbein. Aus den wertvollen Stoßzähnen wurden noch vor wenigen Jahrzehnten massenweise Schmuckstücke, Schachfiguren und alle möglichen anderen Gegenstände geschnitzt.

Um an das kostbare Material zu kommen, haben Jäger im 20. Jahrhundert sowohl den Asiatischen Elefanten als auch seinen afrikanischen Verwandten fast ausgerottet. Vor allem in den 1970er- und 1980er-Jahren brachen viele Elefantenbestände massiv ein. Eine Wende zum Besseren kam erst, als die Rüsselträger unter den Schutz des Washingtoner Artenschutzübereinkommens gestellt wurden. Dieses im Jahr 1973 ausgehandelte Abkommen, das in englischsprachigen Ländern unter dem Kürzel CITES (Convention on International Trade in Endangered Species

of Wild Fauna and Flora) bekannt ist, regelt den internationalen Handel mit bedrohten Tieren und Pflanzen. In den Anhängen dieses Vertragswerks ist aufgeführt, für welche Arten welche Handelsbeschränkungen gelten. So stehen in Anhang I etwa 800 akut vom Aussterben bedrohte Tiere und Pflanzen, die überhaupt nicht mehr zu kommerziellen Zwecken ein- und ausgeführt werden dürfen. Der Handel mit den mehr als 32 000 Arten im Anhang II dagegen ist weiterhin erlaubt, allerdings nur mit Genehmigung. Alle zwei bis drei Jahre treffen sich die Vertreter der mittlerweile mehr als 170 Mitgliedsstaaten von CITES, um in oft heftigen Diskussionen über Änderungen dieser Anhänge zu beraten. Mit Zweidrittelmehrheit kann die Vertragsstaatenkonferenz Tiere und Pflanzen neu in das Regelwerk aufnehmen oder sie wieder streichen. Manchmal werden auch Arten von einem Anhang in den anderen versetzt.
Der besonders bedrohte Asiatische Elefant wurde so im Jahr 1975 gleich in die strengste Schutzkategorie des Anhang I aufgenommen.

Der Afrikanische Elefant, der damals noch als eine Art galt, kam 1977 zunächst auf den Anhang II, wurde 1989 aber auf Anhang I hochgestuft. Damit war der kommerzielle Handel mit Elfenbein komplett verboten.

Trotzdem werden bis heute Elefanten wegen ihrer Stoßzähne illegal getötet. Wilderer versprechen sich lukrative Geschäfte von einem nach wie vor boomenden internationalen Schwarzmarkt. Seit 1989 erfasst ein internationales Informationssystem namens ETIS (Elephant Trade Information System) sämtliches illegale Elfenbein, das Behörden irgendwo auf der Welt beschlagnahmen.

Bis zum Jahr 2007 wurden so fast 12 400 Fälle aus 82 Ländern registriert. Ein besonders spektakulärer Schlag gelang zum Beispiel der Polizei in Namibia, die im Jahr 1989 eine internationale Bande von 25 Elfenbeinschmugglern verhafte. Allein dieser Verbrecherring hatte 972 Elefantenstoßzähne versteckt, die insgesamt fast 7000 Kilogramm wogen. Überhaupt scheinen die Geschäftemacher international zunehmend besser vernetzt zu sein. Nach einem ETIS-Bericht vom März 2007 werden im Durchschnitt jeden Tag drei Fälle von illegalem Elfenbeinhandel bekannt. Und auch die dabei umgeschlagenen Mengen schienen immer weiter zuzunehmen. In den Heimatländern der Elefanten haben die Behörden also nach wie vor alle Hände voll zu tun, um die Rüsseltiere vor illegalen Nachstellungen zu schützen.

Genetischer Fingerabdruck für Elfenbein

Die Molekularbiologie kann dabei helfen, den Elefantenwilderern das Handwerk zu legen. Ein Forscherteam um Samuel Wasser von der University of Washington in Seattle hat ein Verfahren entwickelt, mit dem man die Herkunft von geschmuggeltem Elfenbein bestimmen kann.

Ab und zu beschlagnahmen die Behörden zwar ein paar Tonnen des „weißen Goldes", doch die Heimat der Elefanten ist groß und unmöglich flächendeckend zu kontrollieren. Da wäre es gut, die Brennpunkte der Wilderei und die wichtigsten Schmuggelrouten zu kennen. Hinweise auf die Herkunft des Elfenbeins aber lassen sich nur durch genetische Untersuchungen gewinnen.

Schon früher hatten Samuel Wasser und seine Kollegen das Erbmaterial DNA aus einzelnen Elefantenzähnen analysiert und mit dem von Elfenbein bekannter Herkunft verglichen. Das dabei eingesetzte statistische Verfahren hat allerdings seine Tücken, wenn die Zähne alle aus der gleichen Region stammen. Die berechneten Herkunftsorte streuen dann viel stärker als die tatsächlichen. Also haben die Forscher ihre Methode weiterentwickelt und analysieren nun die genetischen Gemeinsamkeiten und Unterschiede bei ganzen Gruppen von Stoßzähnen gleichzeitig. Auf diese Weise lässt sich die Herkunft der Proben viel genauer eingrenzen.

Mit diesem Verfahren haben die Wissenschaftler den zweitgrößten Fund Elfenbein untersucht, der je gemacht wurde. Mehr als sechseinhalb Tonnen des wertvollen Materials haben die Behörden im Sommer 2002 in Singapur beschlagnahmt. Die genetischen Analysen zeigten, dass diese Stoßzähne alle von

Savannenelefanten stammten. Die zugehörigen Dickhäuter müssen in einem schmalen Gürtel im südlichen Afrika gelebt haben, der sich von Sambia aus nach Osten und Westen erstreckt. Dort konzentriert die sambische Regierung nun ihre Bemühungen zur Bekämpfung der Wilderei.

Auf dem aufsteigenden Ast

In vielen Regionen der Elefantenheimat zeigen die Schutzmaßnahmen inzwischen Wirkung. Zwar sind die Asiatischen Elefanten immer noch stark bedroht – vor allem, weil ihre Wälder immer wieder Feldern und Plantagen weichen müssen. Und auch in Afrika sind die grauen Riesen keineswegs überall über den Berg. Nach Zahlen des WWF lebten zum Beispiel in ganz Senegal im Jahr 2007 nur zehn Elefanten. Dafür kann sich Botsuana inzwischen wieder über mehr als 134 000 Dickhäuter freuen. Insgesamt soll es in Afrika mittlerweile wieder zwischen 470 000 und 690 000 Tiere geben, schätzt die Weltnaturschutzunion IUCN. Im Vergleich zu den drei bis fünf Millionen Dickhäutern,

die noch in den 1930er- und 1940er-Jahren durch Afrika streiften, ist das zwar immer noch relativ wenig. Doch vor allem im Süden des Kontinents haben sich die Bestände gut erholt. Deshalb wurden die Elefanten Botsuanas, Namibias, und Simbabwes schon im Jahr 1997 vom CITES-Anhang I wieder auf Anhang II heruntergestuft, die Populationen Südafrikas folgten im Jahr 2000. Während Kauf und Verkauf von Elfenbein und Elefantenprodukten aus anderen Ländern weiterhin verboten ist, dürfen diese Staaten nun unter genau kontrollierten Bedingungen wieder mit Leder, Haaren und Häuten, in manchen Fällen auch mit Elfenbeinschnitzereien handeln. Zudem gibt es ab und zu Spezialauktionen, bei denen diese Länder auch registriertes Elfenbein aus Staatsbesitz verkaufen dürfen, das von auf natürlichem Weg gestorbenen Elefanten stammt. Die Erlöse aus solchen Geschäften müssen dann wieder in den Schutz der Dickhäuter investiert werden. Wer den Dickhäutern eine Zukunft geben will, benötigt schließlich Geld.

Vorfahrt für Elefanten

Solche Investitionen aber lohnen sich auch finanziell, zeigen die Erfahrungen im Osten und Süden Afrikas. Seit die Savannenelefanten dort wieder häufiger geworden sind, locken sie gemeinsam mit Löwen, Leoparden, Giraffen und Flusspferden Menschen aus aller Welt als Safari-Touristen nach Afrika, die viele US-Dollar und Euro in der Region lassen. Sie werden mit beeindruckenden Tiererlebnissen belohnt.

Normalerweise stehen am Morgen und am späten Nachmittag Tierbeobachtungen auf dem Programm, während in der Mittagshitze zwischen 11 Uhr und 16 Uhr Siesta angesagt ist. Auf dem Weg zu dieser Mittagspause braust eine kleine Gruppe von Sambia-Touristen auf einem Motorboot den Sambesi bis zur Mündung des Chongwe-Flusses hinauf. Genau an dieser Stelle hat der berühmte Afrikaforscher David Livingstone in den 1850er-Jahren einige Tage sein Lager aufgeschlagen, als er den Sambesi-Strom erkundete. Heute steht hier am Rande des Lower-Zambesi-Nationalparks unter riesigen Akazienbäumen am sambischen Ufer des Stromes das Chongwe-River-Camp. Der Besitzer Christiaan Liebenberg wartet schon mit dem Lunch auf seine Gäste. Die gehen noch schnell in ihr Zelt, um sich den Staub der fünfstündigen Morgensafari aus dem Gesicht zu waschen. Eine Impala-Antilope liegt mitten im Weg, also laufen die Menschen ein paar Schritte durch das Gras, um das Nickerchen nicht zu stören.

Schwieriger ist es da schon, den nächsten Besucher zu umkurven: Slash steht vor dem Zelt. Interessiert späht er durch das Moskitonetz zu den beiden bequemen Betten hinein, hinter denen zwei Safari-Gäste stehen. Sein Stoßzahn kommt der Zeltwand verdächtig nahe. „Slash kommt öfter im Camp vorbei und inspiziert die Gäste", wird Christiaan später erklären. „Der junge Elefantenbulle ist einfach neugierig." Jetzt aber stehen die beiden Menschen im Zelt und wissen nicht so recht, wie sie sich verhalten sollen. „Einen Guide um Hilfe bitten" wurde ihnen bei der

Ankunft erklärt. Aber wie? Lautes Rufen würde Slash vermutlich erschrecken und drei oder vier Tonnen Elefant könnten das Zelt einreißen.

Also erst mal abwarten, schließlich steht das Luxuszelt direkt am Fluss. Tatsächlich hat Slash in der Hitze anscheinend Durst bekommen und trottet zum fünf Meter ent-

fernten Ufer. Schnell schlüpft einer der beiden Menschen aus dem Zelt und winkt dem Camp-Manager, der die beiden säumigen Gäste beim Mittagessen bereits vermisst hat. Schnell, aber nicht hastig schleicht sich die Dreiergruppe dann an der Zeltwand vorbei, Slash naht bereits wieder vom Fluss. Die Menschen aber nutzen das nächste Zelt als Deckung und dann stehen sie auch schon an der langen Tafel, auf der unter Akazienbäumen direkt am Fluss der Lunch serviert wird.
Anschließend ist auch für die Menschen endlich Siesta angesagt. Auf den Liegestuhl im Schatten vor dem Zelt aber will sich keiner legen, weil dort gerade ein anderer Elefantenbulle vorbeistapft. Auch er kommt vom Fluss, ob das Zelt wohl an der Elefanten-Bar steht? Gemächlich trottet der Dickhäuter weiter, versucht einen Baumstrunk auszureißen und passiert anschließend die in der Siesta-Zeit menschenleere Bar für Zweibeiner in vielleicht einem Meter Entfernung. Den mächtigen Baum dahinter rüttelt der Elefant kräftig durch, er hat es wohl auf einen Snack aus leckeren Früchten abgesehen. Allerdings fallen keine herunter. Na gut, dann schaut der Dickhäuter halt noch einmal schnell in die Chalets auf der anderen Seite, irgendwo müssen die Zweibeiner doch ihre Siesta verbringen. „Business as usual", meint Christiaan achselzuckend und erzählt noch schnell die Geschichte von einer seiner Siestas im Schatten eines Baumes. Als er von dem Nickerchen aufwachte, schaute er direkt auf den Bauch eines Elefanten, der gerade über ihn hinwegstieg. „Nie würde ein Elefant einen Menschen verletzen, wenn dieser ihn vorher in Ruhe gelassen hat", versichert Christiaan. Lange überlegen die Safari-Gäste, ob das eine wahre Geschichte oder eine Art Safari-Latein war.

Nachmittags steht dann gleich nach dem Afternoon-Tea in der Bar eine Kanutour auf dem Sambesi zwischen den Ländern Sambia und Simbabwe auf dem Programm. Genau zwischen der Bar und den vielleicht 15 Meter entfernt liegenden Kanus aber steht schon wieder Slashs Kollege, der vorhin noch den Baumstamm geschüttelt hatte. Da helfen nur noch ein paar altbewährte Tricks: Zwei Guides schleichen sich geduckt zum Motorboot, das einige Meter weiter an einem Steg am gleichen Ufer liegt. Vorsichtig lassen sie sich zu den Kanus treiben. Die bewacht der Elefant zwar, doch er späht dabei Richtung Bar, wo ja tatsächlich einige Zweibeiner stehen. Vielleicht fünf Meter hinter dem mächtigen Elefantenhintern stehlen die Guides sich inzwischen mit zwei Kanus auf dem Fluss davon. Dann schleichen die Safari-Gäste zu den Booten, die nur gute zehn Meter vom Bullen entfernt liegen. Genau wie das Mittagessen beginnt also auch die Nachmittagssafari mit einer halben Stunde Verspätung. Dann aber treiben die Boote gemächlich mit der Strömung flussabwärts. Am Ufer stehen, wie soll es auch anders sein, Elefanten und beobachten die Kanus aufmerksam. Doch als nichts Spektakuläres passiert, zupfen sie weiter an den

Zweigen der Akazien, die in der Trockenzeit zwischen Juli und Oktober eine Art Grundnahrungsmittel für Savannenelefanten sind. Ein Stück weiter taucht eine Elefantengruppe am Ufer auf. Plötzlich sprinten die Dickhäuter wie von Hornissen gejagt durch einen Seitenarm des Sambesis. Wasser spritzt nach allen Seiten und glitzert in den letzten Strahlen der Abendsonne.

Eine Elefantenkuh mit ihrem Kalb hat wohl den Anschluss verpasst, schleicht vorsichtig mehr als 100 Meter am Ufer entlang, bevor sie und das Kalb ebenfalls mit Höchstgeschwindigkeit durchs Wasser preschen. „Irgendwo liegt wohl ein Krokodil auf der Lauer“, vermutet der Guide.

Wieder so ein Safari-Latein, schmunzeln die Touristen. Wie soll ein Krokodil denn einem Elefanten gefährlich werden? „Zumindest das Kalb wäre eine leichte Beute", erklärt Dave Dower, der gemeinsam mit seiner Frau Tash ein paar Kilometer unterhalb des Chongwe-River-Camps direkt am Ufer des gewaltigen Sambesi-Stromes das Sausage-Tree-Camp managt.

Das liegt, wie der Name es vermuten lässt, unter einem gigantischen Sausage Tree. Diese Bäume sind typisch für Sambia, ihre Früchte ähneln überdimensionalen Würsten in einem Schweinedarm. Sausage Tree oder zu deutsch „Wurstbaum" trifft also den Sachverhalt genau. Gleich neben dem Camp mit

seinen luxuriösen Zelten im Beduinen-Stil hat erst vor drei Tagen eine kleine Büffelherde den Seitenarm des Sambesis durchquert. Die Tiere kamen aber den Steilhang nicht hinauf. Also liefen sie in Panik auf die Insel auf der anderen Seite des Flussarms zurück. Offensichtlich hatte ein Krokodil die Aktion beobachtet und lauerte der Herde beim zweiten Anlauf auf. Einen ausgewachsenen Büffel packten plötzlich mächtige Krokodilkiefer am Kopf und drückten ihn unter Wasser. „Das anschließende Krokodil-Festmahl war für unsere Gäste ein Riesenspektakel", erklärt Dave. Ein kleiner Elefant wäre für Krokodile also eine leichte Beute, lernen die Safari-Gäste aus dieser Episode. Auch wenn die Dickhäuter meist recht sorglos durch die Savannen und lichten Wälder zu stapfen scheinen, lauern also doch einige Gefahren auf das größte Landtier der Welt.

Die größte Bedrohung aber ist mit Sicherheit der Mensch. Dabei wissen Elefanten genau, in welchen Situationen Menschen gefährlich werden und in welchen sie harmlos sind. Diese Erfahrung hat auch Uli Albrecht gemacht. Der Afrikakenner und Geschäftsführer des Individualreise-Spezialisten „Karawane" in Ludwigsburg ist zum Beispiel in Sambia einmal zur Toilette in seinem Chalet gegangen, als direkt über seinem Kopf ein mächtiger Elefantenrüssel auftauchte und einen Ast abbrach. Der Dickhäuter wusste anscheinend genau, dass der Zweibeiner in diesem Moment völlig ungefährlich für ihn war. Seelenruhig holte er sich den Ast vom Baum, den der Konstrukteur des Camps als Dach für die Toilette vorgesehen hatte.

Elefanten unterscheiden Völker

Nun mag ein Mensch auf der Toilette auch für einen Dickhäuter sofort als harmlos zu erkennen sein. In der Savanne aber ist die Unterscheidung zwischen gefährlichen und weniger riskanten Menschen nicht mehr so einfach. Doch

auch diese Aufgabe meistern Elefanten problemlos, berichten Lucy Bates von der University of St. Andrews in Schottland und ihre Kollegen. Die Forscher haben sich mit den Dickhäutern im Amboseli-Nationalpark in Kenia beschäftigt. Diese Tiere können auf die Angehörigen zweier lokaler Volksgruppen treffen. Von den Bauern der Kamba geht für sie kaum eine Gefahr aus. Eine Begegnung mit dem Hirtenvolk der Massai (siehe Abbildungen) dagegen ist für einen Elefanten durchaus ein Risiko. Denn die jungen Massai-Krieger stellen ihre Männlichkeit mitunter dadurch unter Beweis, dass sie mit einem Speer auf die Tiere losgehen. Die beiden Gruppen unterscheiden zu können, ist für Elefanten also ein Vorteil.

Woran aber orientieren sie sich dabei? Um das herauszufinden, haben die Forscher 18 Elefantengruppen im Nationalpark mit rotem Stoff konfrontiert, den Männer der beiden Völker fünf Tage lang am Körper getragen hatten. Roch das Material nach Massai, flüchteten die Dickhäuter rasch und machten erst halt, wenn sie sich weit weg in hohem Gras verstecken konnten. Die gleichen Elefanten hatten deutlich weniger Angst vor dem Stoff, den die Kamba-Männer getragen hatten. Zwar machten sie sich auch in diesem Fall aus dem Staub, allerdings bewegten sie sich dabei weniger schnell. Sie legten kürzere Strecken zurück und beruhigten sich rascher wieder.

Massai und Kamba unterscheiden sich aber nicht nur in ihrem Geruch, sondern auch in der Farbe ihrer Kleidung. Während die Kamba alle möglichen Farben tragen, ist die typische Massai-Kleidung intensiv rot. Das wissen offenbar auch die Elefanten. Als die Forscher ihnen geruchlosen roten Stoff präsentierten, reagierten sie darauf deutlich heftiger als auf weißes Material. Allerdings zeigten sie diesmal keine Angst, sondern wurden aggressiv. Vielleicht schließen die Tiere aus dem fehlenden Geruch, dass keine unmittelbare Gefahr besteht. Dann könnten sie ihre Angst überwinden und ihrer Abneigung gegen die Massai freien Lauf lassen.

Riskante Strategie

Manchmal aber scheint den Dickhäutern ihr Sinn für Gefahren abhanden zu kommen. Vielleicht nehmen sie auch die Bedrohung auf zwei Beinen nicht so ganz ernst, wenn ein guter Imbiss lockt. Um sich immer optimal zu ernähren, ging ein Elefantenbulle namens Lewis jedenfalls einige Risiken ein, erklärt Iain Douglas-Hamilton von der Stiftung „Save the Elephants“ in Kenia. Gemeinsam mit anderen Forschern hat er die Wanderungen von sieben Elefanten mithilfe eines Senders verfolgt und zusätzlich die Schwanzhaare der Tiere mit einer physikalisch-chemischen Methode namens Isotopenanalyse untersucht. Dadurch kann man Informationen über die Ernährung der Dickhäuter gewinnen.
Sechs der Elefanten wanderten eher gemütlich im Samburu-Nationalpark im Tiefland Kenias umher. In der Trockenzeit fraßen diese Tiere Blätter von den

Bäumen. Sobald der Regen kam und das Gras der Savanne sprießen ließ, stiegen diese sechs Elefanten aber auf das nahrhaftere Gras um.

Der Bulle Lewis aber wollte sich die karge Ernährung in der Trockenzeit offensichtlich nicht antun. Schließlich muss so ein Bulle kräftig bleiben, um Nebenbuhler im Kampf um Elefantenkühe ausstechen zu können. Wurde das Gras knapp, machte sich Lewis daher auf den Weg und erreichte 40 Kilometer und 15 Stunden später den Imenti-Wald am Mount Kenia in 2000 Meter

Höhe über dem Meeresspiegel. Dort gab es zwar tagsüber auch nur die karge Blätterkost, in der Nacht aber plünderte Lewis den nahrhaften Mais von den Feldern der Farmer. So blieb der Bulle zwar fit und hätte gute Chancen beim Kampf um die Kühe gehabt. Doch nach einiger Zeit streckten ihn einige Schüsse nieder, die vermutlich aus dem Gewehr eines erbosten Farmers stammten.

Genau solche Konflikte möchte Iain Douglas-Hamilton mithilfe seiner Elefanten-Ernährungsforschung in Zukunft vermeiden helfen. Kennen die Forscher die Nahrungsgewohnheiten der Tiere, können sie die Schutzgebiete nämlich so einrichten, dass die Rüsselträger nicht mehr die Felder plündern müssen.

Lauschangriff auf Elefanten

Ähnliche Konflikte zwischen hungrigen Dickhäutern und um ihre Ernte fürchtende Bauern gibt es auch in vielen anderen Elefantengebieten. Wissenschaftler und Naturschützer aus allen möglichen Ländern suchen daher nach Lösungen für dieses Problem. Oft ist dabei allerdings zunächst einiges an langwieriger Forschungsarbeit nötig. Denn die grauen Riesen lassen sich nicht so leicht in die Karten schauen.

Allein die Frage, wie viele Elefanten überhaupt in einem Gebiet leben, sorgt oft schon für genügend Rätselraten. Schließlich bekommt man sie vor allem in unübersichtlichem Gelände nur selten zu sehen und kann sie daher nicht direkt zählen. In solchen Fällen haben Jason Wood und seine Kollegen von der Stanford University in Kalifornien sogar schon eine Militärtechnologie aus dem Vietnamkrieg eingesetzt. Das US-Militär hatte damals ein sogenanntes Geophon entwickelt, das neben den Pfaden der feindlichen Vietcong-Truppen im Regenwald vergraben wurde. Marschierten Soldaten vorbei, registrierte das Gerät die winzigen Schwingungen des Erdbodens, die deren Schritte verursachten. Daraus ermittelten die Militärs Zahl und Marschrichtung der gegnerischen Soldaten. Die Methode funktioniert im zivilen Einsatz ähnlich gut, entdeckten die Forscher, als sie ein Geophon in der Nähe eines Wasserlochs im Etosha-Nationalpark Namibias vergruben: 82 Prozent der Messungen ermittelten genau die Zahl von Elefanten, die dort tatsächlich einen Drink zu sich nahmen. Mit genaueren Elefantenzahlen können jetzt auch die Artenschützer ihre Maßnahmen besser planen.

Mit Satellit und Notizblock

Interessant ist aber nicht nur die Zahl der Dickhäuter in einem Gebiet, sondern vor allem deren Aktivitäten. So sieht der etwa 200 Kilometer lange Korridor zwischen den riesigen Schutzgebieten Selous in Tansania und Niassa in Mosambik zumindest auf dem Papier wie der perfekte Wanderweg für Wildtiere aus.

Mit Satellit und Notizblock

Doch ob und wie die Dickhäuter diesen Landstreifen tatsächlich nutzen, hatte bis vor kurzem kein Wissenschaftler untersucht – mit gutem Grund: Es gibt in dem 6000 bis 8000 Quadratkilometer großen Gebiet nur eine einzige schlammige Piste, dafür aber reichlich unwegsame Sümpfe, steile Berge und dichten Wald. Da ist es für die Tiere ein Leichtes, sich neugierigen Forscherblicken zu entziehen. Wenn man aber die Gewohnheiten der grauen Riesen nicht kennt, kann man sie nur schlecht schützen. Also haben Biologen und Tierärzte mit einigem Aufwand einen Blick hinter die Kulissen des Elefantenlebens geworfen. Beteiligt waren Wissenschaftler des Berliner Instituts für Zoo- und Wildtierforschung (IZW), der Gesellschaft für Technische Zusammenarbeit (GTZ) und mehrere Forschungseinrichtungen in Tansania.

Mindestens 2400 Elefanten müssen im Korridor leben, schlossen die Projektmitarbeiter aus Beobachtungen und Kotzählungen. Aber wandern sie wirklich zwischen den Staaten? Solche Fragen beantworten Biologen im Hightech-Zeitalter, indem sie die Bewegungen einzelner Tiere per Satellit verfolgen. „Auch dazu muss man sie aber erst einmal finden und ihnen einen Sender umhängen", sagt Heribert Hofer, der Leiter des IZW. Das lässt sich allerdings kein wild lebender Elefant gefallen, wenn man ihn nicht vorübergehend außer Gefecht setzt. Mit dem Betäubungsgewehr in der Hand haben sich die IZW-Tierärzte Thomas Hildebrandt und Frank Göritz daher zu Fuß an die Tiere herangepirscht, bis sie aus 20 oder 30 Meter Entfernung einen Schuss abgeben konnten. Das erwies sich allerdings als so schwierig und gefährlich, dass sie bei späteren Betäubungsaktionen lieber vom Hubschrauber aus auf die Dickhäuter zielten.

Die zehn Elefanten, die schließlich mit Sendern um den Hals durch den Busch trotteten, konnten die Wissenschaftler mit einem Empfangsgerät anpeilen. Allerdings kann man auf diese Weise kaum einem Elefanten durch den gesamten Korridor folgen. Schließlich passieren die Tiere bei ihren weiten Streifzügen militärisches Grenzgebiet, in dem spontane Verfolgungsaktionen per Auto oder Flugzeug nicht infrage kommen. Daher haben die Forscher die Elefantenhalsbänder mit ausgefeilter Technik ausgerüstet, um die Tiere vom Berliner Schreibtisch aus beobachten zu können. Das Satellitennavigationssystem GPS ortete die Position des Dickhäuters, das Halsband schickte diese Informationen dann an den Satelliten Argos.

Über die Bodenstation des Satelliten in Frankreich erreichten diese Daten alle vier Tage per E-Mail die Computer im IZW.

Donald Mpanduji, der tansanische Doktorand des Instituts, konnte sich dadurch viele aufwändige Exkursionen sparen. So blieb ihm Zeit für die Arbeit in den Dörfern des Korridors. Als Einheimischer und Tierarzt hat er dort gleich zweifach einen Stein im Brett. Denn Veterinäre gelten auf dem Land als äußerst nützlich – bei Biologen ist man sich da mitunter nicht ganz so sicher. Donald Mpanduji hat die Dorfbewohner systematisch nach ihren Erfahrungen und eventuellen Problemen mit Elefanten und anderen Wildtieren befragt. Diese Interviews haben zum Teil ganz ähnliche Ergebnisse geliefert, wie die Hightech-Forschung.

So hat der Blick aus dem All gezeigt, dass tatsächlich mehrere wichtige Elefanten-Wanderwege durch den Korridor von Tansania nach Mosambik führen. Die Einheimischen aber wussten auch ohne Satellitendaten ziemlich genau, wo diese traditionellen Routen verlaufen.

Unterschiedliche Ergebnisse gab es dagegen bei der Beurteilung von Elefantenschäden. So machen viele Dorfbewohner die Tiere für herbe Ernteverluste verantwortlich. „Tatsächlich können Elefanten durchaus die Existenz von Bauern vernichten“, bestätigt Heribert Hofer. Die Dickhäuter können einen Acker in kurzer Zeit so umgestalten, dass ihn der Bauer kaum noch wiedererkennt. Von der Ernte lassen die rupfenden Rüssel und trampelnden Füße dann wenig übrig. Beobachtungen der Projektmitarbeiter und Auswertungen von Regierungsdaten haben allerdings gezeigt, dass die Bauern einen viel größeren Teil ihrer Ernte an Unkraut und Nagetiere, an Vogelschwärme und plündernde Affenhorden verlieren. Auf das Konto von Elefanten geht trotz einzelner spektakulärer Verwüstungen insgesamt nur ein sehr geringer Anteil der Schäden. Die Daten der Halsbandsender zeigen auch, woran das liegt: Solange sie die Chance dazu haben, scheinen die Dickhäuter Ackerflächen regelrecht zu meiden. Viel lieber halten sie sich in Wäldern, auf mit Büschen bewachsenem Grasland und entlang von Flüssen auf.

„Diese Gebiete müssen wir unbedingt schützen, damit die Elefanten nicht mangels Alternative auf die Felder kommen“, sagt Hofer. Ein solcher Schutz könne aber nur gemeinsam mit den Menschen vor Ort funktionieren.

Diese Erkenntnis hat sich auch in der tansanischen Regierung durchgesetzt. Im nördlichen Teil des Korridors gibt es bereits einige Modellprojekte, in denen Dorfgemeinschaften riesige Gebiete in ihrer Umgebung selbst verwalten. Die Idee dahinter ist einfach: Wenn die Menschen vom Naturschutz profitieren, müssen sie zum Überleben nicht immer mehr Wildnis in Felder verwandeln. Also darf die Dorfgemeinschaft bestimmte Wildquoten zum Abschuss freigeben. Interessierte Jäger bezahlen dafür und bringen so Geld ins Dorf, das dann zum Beispiel für eine Schule, einen Brunnen oder eine Krankenstation verwendet werden kann. Allerdings müssen die Dorfbewohner ihre Tierbestände so gut überwachen, dass diese Quoten nicht den Bestand gefährden. Dabei können sie natürlich nicht jedes Jahr eine wissenschaftliche Bestandsaufnahme machen.

Denn dazu fehlt es an Geld und an Fachpersonal. Die Interviews in den Dörfern haben aber gezeigt, dass die Menschen dort schon jetzt recht gut über die Tierbestände in ihrer Umgebung Bescheid wissen. Mit etwas Training könnten sie sogar noch genauere Beobachtungen liefern. „Aus diesem Wissen und einigen ergänzenden Felduntersuchungen lassen sich ohne großen Aufwand wertvolle Informationen gewinnen", sagt Heribert Hofer. Manchmal geht es auch ohne teure Hightech-Forschung.

Trotz dieser Erkenntnis haben sich die Wissenschaftler mit ihrer Studie nicht arbeitslos gemacht. Im Auftrag eines UN-Umweltprojekts haben Donald Mpanduji und mehrere GTZ-Experten damit begonnen, die Ergebnisse der Forschung in die Praxis umzusetzen. Auch im Süden des Korridors sollen Schutzgebiete entstehen, die von den lokalen Dorfgemeinschaften verwaltet werden. Damit die Dickhäuter weiterhin auf ihren angestammten Routen unterwegs sein können. Und dabei möglichst wenig Felder zertrampeln.

Chili gegen Elefanten

Neben Plänen für neue Schutzgebiete gibt es aber auch noch andere Ideen, wie man Ärger zwischen Elefanten und Dorfbewohnern vermeiden kann. Gegen allzu aufdringliche Dickhäuter können sich Farmer zum Beispiel mit Chili-Pflanzen wehren, haben die Biologen Loki Osborn und Guy Parker vom Mid-Zambezi Elephant Project im nördlichen Simbabwe herausgefunden. Auch dort verwüsten die Dickhäuter immer wieder einmal die Gemüsegärten von Bauern. Allein im relativ kleinen Land Botsuana richten die Dickhäuter Ernteschäden von mehr als einer Million Euro an, wenn sie ihren immer kleiner werdenden Lebensraum Savanne verlassen und sich Nahrhaftes auf den Feldern der Menschen suchen.

Früher schreckten die Bauern mit Feuern um ihre Felder oder mit Trommelwirbeln aufdringliche Elefanten ab. Heute gelten solche Methoden als zu aufwändig. Obendrein gefährden die Bauern dabei bisweilen ihr eigenes Leben, wenn ihnen plötzlich ein erschreckter Elefant gegenübersteht. Stattdessen kommen Stacheldraht, Elektrozäune und Scharfschützen in Mode. Viele Bauern aber können sich keine teuren Zäune leisten und über das Abschießen von Elefanten sind Naturschützer nicht eben begeistert. Daher entwickeln Loki Osborn und Guy Parker seit mehreren Jahren gemeinsam mit den Bauern und den zuständigen Behörden einfache Hilfsmittel, die Elefanten relativ zuverlässig abschrecken.

Nicht jeder Versuch brachte dabei dauerhaften Erfolg. Künstliche Geräuschmacher oder Glocken an einfachen Stolperdrähten um die Äcker halten die Elefanten zunächst zwar tatsächlich vom Plündern der Felder ab. Nach wenigen Wochen aber gewöhnen sich die Tiere an den Lärm und holen sich erneut ihren Teil der Ernte. Einzig der beißende Rauch verbrennender Chili-Schoten wirkt besser: „An den Qualm des Chili haben sich die Tiere lange nicht so schnell gewöhnt wie an den Krach aus unseren Geräuschmachern“, erinnert sich Guy Parker. Tatsächlich mögen die Elefanten offensichtlich auch die Chili-Pflanzen und die scharfen Schoten selbst nicht, bestätigten die Bauern der

Gegend, als die beiden Forscher sich genauer umhörten. Seither pflanzen die Bauern statt der durch Elefanten gefährdeten Baumwolle in den besonders stark von den Dickhäutern heimgesuchten Gebieten eben Chili und haben keine Probleme mehr. Da die Bauern Chili als Gewürz besser als Baumwolle verkaufen können, bringt diese natürliche Elefantenabwehr sogar auch noch einen wirtschaftlichen Gewinn.

Elefanten für Elefanten

Auf eine ganz andere Strategie setzen die Elefantenschützer des WWF auf der indonesischen Insel Sumatra. Schließlich sind Asiatische Elefanten dafür bekannt, dass sie sich zu Arbeitstieren ausbilden lassen. Theoretisch geht das zwar auch mit ihren afrikanischen Verwandten, aber in Asien hat der Einsatz der Dickhäuter beispielsweise in der Forstwirtschaft eine lange Tradition. Warum sollten Elefanten also nicht auch zum Schutz ihr Artgenossen ausgebildet werden können? Diese Idee haben WWF-Experten im Tesso-Nilo-Regenwald auf Sumatra umgesetzt. Im Jahr 2004 haben sie dort eine Art Sonderkommando aus vier zahmen Elefanten eingerichtet, das die wild lebenden Artgenossen von gefährlichen Zusammenstößen mit Menschen abhalten soll.

Auf Sumatra schwinden die Lebensräume der Elefanten in bedenklichem Tempo. Hektar um Hektar wird der Regenwald abgeholzt, um Platz für Ölpalmen-Plantagen zu schaffen. Entsprechend werden auch die Elefanten immer seltener. Eine der größten überlebenden Populationen des Sumatra-Elefanten lebt in der Provinz Riau, in der auch der Tesso-Nilo-Wald liegt. Doch die etwa 210 Tiere drängen sich auf immer engerem Raum. Straßen durchschneiden ihre traditionellen Wanderrouten und in den letzten Waldinseln inmitten der Felder wird das Futter knapp. Um zu überleben, verlassen die Dickhäuter daher immer wieder den schützenden Wald und suchen auf Plantagen und in Dörfern nach Nahrung. Bei solchen Abenteuern aber sind gefährliche Begegnungen

vorprogrammiert. Die Menschen wissen sich oft keinen anderen Rat, als die plündernden Riesen einzufangen, zu vergiften oder zu erschießen.

Auch die vier Tiere der WWF-Elefanten-Patrouille gehörten zu den Plünderern, die man bei Überfällen auf Plantagen und Siedlungen erwischt hatte. Allerdings hatten sie Glück und mussten ihre Ausflüge immerhin nicht mit dem Leben bezahlen. Stattdessen wurden sie eingefangen und in ein Elefanten-Camp gebracht. Doch einen Elefanten, der sich einmal an Menschen gewöhnt hat, kann man nicht wieder auswildern. Also suchten die WWF-Mitarbeiter nach einer sinnvollen Aufgabe für die vier Dickhäuter. Gemeinsam mit acht Elefantentreibern durchliefen die Tiere ein Ausbildungsprogramm und gehen nun gemeinsam mit ihren menschlichen Betreuern regelmäßig in der Region auf Streife.

Treffen sie dabei Elefanten auf Abwegen, macht sich die Patrouille mit Megafonen und Schreckschusspistolen lautstark bemerkbar. Oft gelingt es ihnen so, die wild lebenden Dickhäuter aus Plantagen und Dörfern zu vertreiben. Und dazu leisten die vierbeinigen Mitglieder des Teams einen großen Beitrag. Eine Handvoll Menschen allein würden die grauen Plünderer einfach nicht ernst nehmen. Jede Woche sind die Elefantenstreifen zweimal auf Routine-Patrouille im Tesso Nilo unterwegs, wenn es irgendwo Probleme gibt, werden sie auch gezielt alarmiert.

Die Zusammenarbeit von Mensch und Tier hat sich bewährt. Einmal gelang es dem Team sogar, die offensichtlich verwirrte Mutter eines verwaisten Elefanten-Babys aufzuspüren.

Besonders stolz sind die WWF-Mitarbeiter aber auf den Zuwachs, den ihre Elefantenpatrouille im Jahr 2007 bekommen hat. Beide Weibchen brachten Nachwuchs zur Welt, der in einem unbeobachteten Moment von wilden Bullen gezeugt worden war. Schon 2008 ging die gerade ein Jahr alte Nella als jüngste Elefanten-Polizistin regelmäßig mit auf Streife.

Elefanten-Überbevölkerung

Während die Elefantenbestände im Tesso Nilo nach wie vor ums Überleben kämpfen, suchen die Manager einiger südafrikanischer Schutzgebiete schon nach Möglichkeiten, ihren Dickhäuter-Boom zu begrenzen. Das südafrikanische Umweltministerium hat dazu ein neues Managementkonzept entwickelt, dessen Bestimmungen am 1. Mai 2008 in Kraft getreten sind. Neben verschiedenen anderen Maßnahmen wird dann auch der kontrollierte Abschuss der

Tiere wieder erlaubt sein. Denn in etlichen Reservaten haben sich die grauen Riesen inzwischen so gut erholt, dass ihr gewaltiger Appetit der Vegetation zu schaden droht.

Hungrige Rüssel

„Gerade Südafrika hat im Elefantenschutz in den letzten Jahrzehnten viel erreicht", sagt Christof Schenck von der Zoologischen Gesellschaft Frankfurt. Doch die Nutznießer der Bemühungen drängen sich nun auf engem Raum zusammen. Zudem haben auch künstlich angelegte Wasserlöcher dazu beigetragen, dass die Bestände lokal stark angewachsen sind.

Elefanten-Überbevölkerung

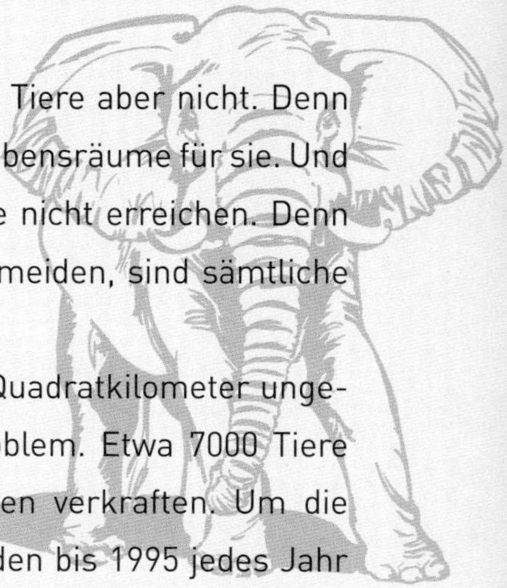

In weniger übervölkerte Gebiete ausweichen können die Tiere aber nicht. Denn außerhalb der Schutzgebiete gibt es in Südafrika kaum Lebensräume für sie. Und selbst wenn es welche gäbe, könnten die Dickhäuter sie nicht erreichen. Denn um Konflikte zwischen Menschen und Wildtieren zu vermeiden, sind sämtliche Schutzgebiete des Landes eingezäunt.

Selbst der riesige Krüger-Nationalpark, der mit 21 000 Quadratkilometer ungefähr so groß wie Hessen ist, hat nun ein Elefanten-Problem. Etwa 7000 Tiere könnte die dortige Vegetation nach Expertenschätzungen verkraften. Um die Population auf dieser Größe zu halten, haben die Behörden bis 1995 jedes Jahr zwischen 300 und 600 Elefanten nach genau festgelegten Regeln abschießen lassen. Dann aber wurde dieses sogenannte Culling nach massiven Protesten von Tierschützern eingestellt. Seither ist der Elefantenbestand auf 12 000 bis 13 000 Tiere angewachsen.

Man werde das Culling auch weiterhin nur als letzte Notlösung erlauben, betonte der südafrikanische Umweltminister Marthinus van Schalkwyk bei der Vorstellung des neuen Managementkonzepts. Zunächst setze man auf andere Maßnahmen, um das Problem in den Griff zu bekommen. Vorgesehen ist beispielsweise die Schaffung neuer Lebensräume und Wanderkorridore.

Als weitere Option nennt der Plan das Umsiedeln von Tieren in weniger überlaufene Regionen. So wurden in den vergangenen Jahren schon mehrfach Elefanten aus dem Krüger-Nationalpark ins benachbarte Mosambik verfrachtet. „Solche Umsiedlungsaktionen sind allerdings sehr aufwändig und teuer“,

sagt Christof Schenck. Es gilt, die betroffenen Tiere zunächst zu betäuben und dann mit schwerem Gerät zu bergen – möglichst ohne dass die menschlichen Umzugshelfer dabei vom Rest der Herde angegriffen werden. Dann müssen die grauen Passagiere mit schweren Lastwagen in das meist unwegsame Gelände ihrer neuen Heimat geschafft werden. Und selbst wenn sie dort gesund angekommen sind, bedeutet das noch keinen endgültigen Erfolg. Denn Elefanten haben ihren eigenen Kopf. Etliche der mühsam nach Mosambik transportierten Dickhäuter sind inzwischen auf eigenen Beinen nach Südafrika zurückgekehrt. Dabei hatten Naturschützer eigentlich eher auf Elefantenwanderungen in umgekehrter Richtung gehofft. Mehrere Grenzzäune zwischen den benachbarten Schutzgebieten beider Länder wurden seit dem Jahr 2002 abgebaut, ein grenzübergreifendes Reservat ist entstanden. Doch jahrzehntelang abgeschnittene Wanderrouten lassen sich offenbar nicht so einfach in kurzer Zeit wiederherstellen. „Gerade Elefanten lernen sehr viel durch Erfahrung", sagt Christof Schenck. Vielleicht benötigen die Dickhäuter einfach noch mehr Zeit, um sich an die neue Reisefreiheit zu gewöhnen.

Die Pille für Elefanten

Was aber kann man sonst noch tun, um die übervölkerten Schutzgebiete ohne Gewehreinsatz zu entlasten? „Eine interessante Möglichkeit könnte die Pille für den Elefanten sein", sagt Frank Göritz vom Leibniz-Institut für Zoo- und Wildtierforschung (IZW) in Berlin. Er und seine Kollegen sind Spezialisten für die Fortpflanzung der Dickhäuter.

Die Tierärzte haben für die grauen Riesen spezielle Methoden der Ultraschalluntersuchung entwickelt, die man auch in der Wildnis einsetzen kann. Zum ersten Mal war es damit möglich, den komplizierten Aufbau und die Funktion der inneren Geschlechtsorgane an lebenden Elefanten zu erforschen. Zusätzlich haben die IZW-Mitarbeiter auch den Hormonhaushalt dieser Tierart untersucht. „Elefanten reagieren zum Beispiel viel empfindlicher auf das weibliche Sexualhormon Östrogen als Menschen", sagt Frank Göritz. Diese Besonderheit gilt es bei der Dosierung der „Elefantenpille" zu berücksichtigen.

Die Wirkung eines solchen Präparats haben die Forscher schon in den 1990er-Jahren im Krüger-Nationalpark getestet. Sie haben dort zehn Elefantenkühe

eingefangen und ihnen kleine Silikonimplantate mit dem Östrogen 17-β-Estradiol unter die Haut gepflanzt. „Damit wollten wir die Eierstöcke der Tiere in eine Art Schlummerzustand versetzen und die Bildung von befruchtungsfähigen Eizellen vorübergehend verhindern“, erläutert Frank Göritz. Und tatsächlich wurden die behandelten Dickhäuter mindestens eineinhalb Jahre lang nicht wieder trächtig. Erst danach kam der normale Sexualzyklus wieder in Gang. „Die Methode hat insgesamt sehr gut funktioniert“, sagt der Tierarzt.

Allerdings setzt die empfängnisverhütende Wirkung erst nach drei bis vier Wochen ein. Und wenn man das Hormon zu hoch dosiert, zeigen die Kühe in dieser Zeit manchmal sogar ein gesteigertes Interesse an sexuellen Aktivitäten. Manche Experten befürchteten, dass die Weibchen deswegen ihren schon geborenen Nachwuchs vernachlässigen würden oder dass sie von den Bullen stark bedrängt werden könnten. Doch die Videofilme, mit denen die Berliner Forscher das Verhalten der behandelten Tiere dokumentiert haben, liefern keinerlei Hinweise auf solche sozialen Schwierigkeiten.

Bei Zootieren, die wegen gesundheitlicher Probleme keinen Nachwuchs bekommen sollen, verwenden die IZW-Mitarbeiter solche empfängnisverhütenden Implantate inzwischen immer häufiger. „Für einen Routineeinsatz in freier Wildbahn sind sie aber noch nicht geeignet", sagt Frank Göritz. Dazu bräuchte man beispielsweise eine Version, die man den Elefanten per Pfeil vom Hubschrauber aus verabreichen könnte. Und auch an der Zusammensetzung ließe sich nach Ansicht der Tierärzte noch einiges verbessern.
So könnte man das eingesetzte Östrogen mit einem anderen Hormon namens Melanogestrolacetat kombinieren. Diese Substanz ähnelt dem Progesteron, das während der Schwangerschaft die Bildung und das Wachstum von weiteren Eizellen verhindert. Allein kommt dieser Wirkstoff zwar nicht als Verhütungsmittel für Elefanten infrage. „Dazu müssten wir ihn den Tieren kiloweise verabreichen", sagt Frank Göritz. In Kombination mit 17-β-Estradiol aber kann man die Gesamtdosis deutlich verringern und die empfängnisverhütende Wirkung setzt sofort ein.
Weitere Forschung in dieser Richtung würde sich nach Ansicht der Experten durchaus lohnen. „Gerade für kleinere Herden ist die hormonelle Empfängnisverhütung eine interessante Option", meint Frank Göritz. Allein werde sie das Elefantenproblem in südafrikanischen Schutzgebieten zwar nicht lösen können. Doch sie biete immerhin die Möglichkeit, die Gewehre häufiger im Schrank zu lassen.

Nashörner

Wer Dickhäuter hautnah erleben will, ist im Hluhluwe-Reservat in der südafrikanischen Provinz KwaZulu-Natal an einer guten Adresse. Dort haben einst die letzten Nashörner Südafrikas überlebt – und mit ein wenig Glück kann man diese mächtigen Tiere sogar in drei oder vier Meter Entfernung vor dem Auto stehen sehen. Gefährlich ist das normalerweise nicht, schließlich hat ein Breitmaulnashorn genau genommen nur ein Interesse: Ununterbrochen Gras in sich hineinzustopfen, um den riesigen Organismus auf Trab zu halten.

Manchmal aber sind die grauen Riesen auch neugierig und traben flotten Schrittes auf die Touristen in ihren Mietwagen zu. Das gibt zwar einerseits fantastische Bilder, die den Zuhausegebliebenen zeigen, welche tollen Abenteuer man doch in KwaZulu-Natal erlebt hat. Andererseits sollte man allerdings wissen, wo der Rückwärtsgang ist. Denn es gibt keine Garantie, dass der Dickhäuter rechtzeitig bremst. Schon mancher Tourist aus Europa hat in solchen Fällen den Schalthebel vergeblich gesucht, weil ihm in der Hitze des Gefechts entfallen war, dass in Südafrika links gefahren wird. Daher befindet sich der Schalthebel logischerweise links vom Fahrer. Doch wer einen der imposanten Hornträger auf sich zutrotten sieht, hat für die Inneneinrichtung seines Autos normalerweise keinen Blick. Zu deutlich stehen einem plötzlich die Bilder von verbeulten Karosserien vor Augen, an denen ein Nashorn seine schlechte Laune ausgelassen hat. Da geht der Atem doch ein wenig ruhiger, wenn der Dickhäuter seine Aufmerksamkeit wieder seiner Mahlzeit zuwendet.

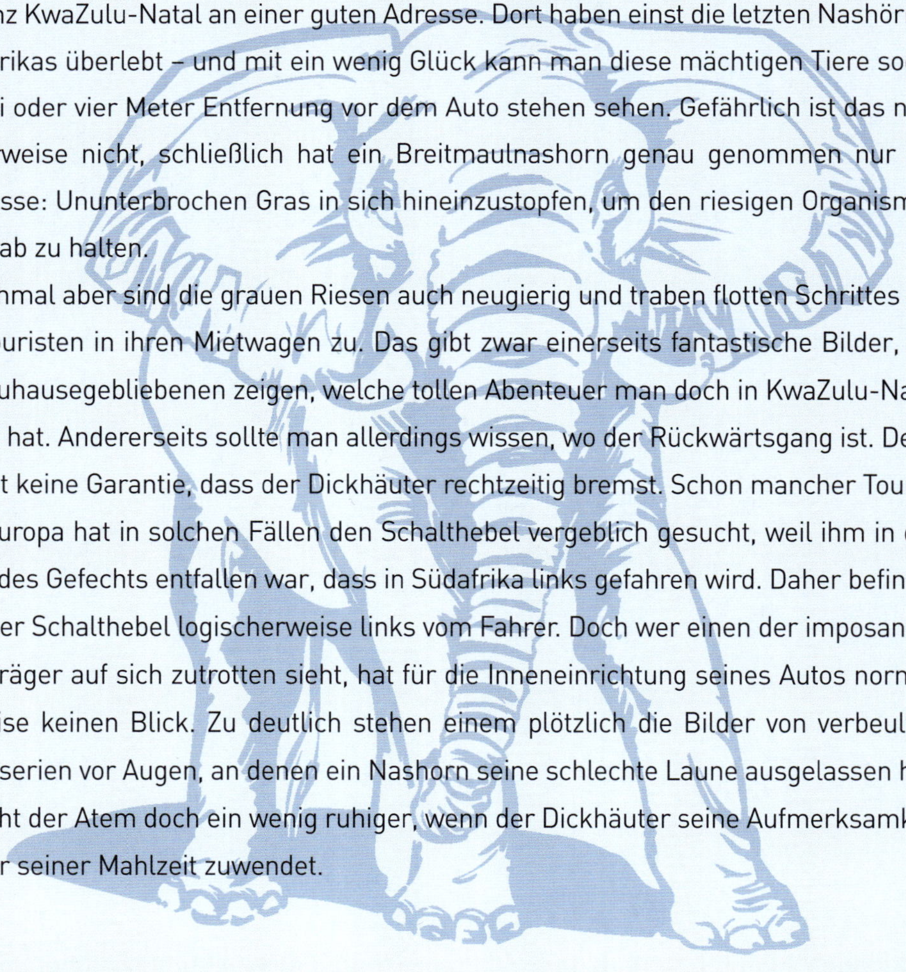

Breitmaulnashorn

BIOLOGISCHER STECKBRIEF

Wissenschaftlicher Name
Ceratotherium simum

Familie
Nashörner (Rhinocerotidae)

Heimat
Zentralafrika, östliches und südliches Afrika

Lebensraum
Savannen, Grasland und Buschvegetation

Größe
Bis 1,9 m hoch, 4 m lang, 3,6 t schwer

Ernährung
Gras

Nach den Elefanten folgt auf der Liste der größten Landsäugetiere gleich das Breitmaulnashorn. Wissenschaftler unterscheiden zwei Unterarten dieser Dickhäuter, das Südliche und das Nördliche Breitmaulnashorn. Allerdings ist die nördliche Unterart wohl im Jahr 2008 in der Natur ausgerottet worden, die letzten vier frei lebenden Exemplare wurden in der Demokratischen Republik Kongo gewildert. Weniger als zehn Tiere dieser Unterart lebten in diesem Jahr noch in verschiedenen Zoos.

Beide Unterarten sind imposante Gestalten. Bei einer Länge von bis zu vier Meter und einer Schulterhöhe von 1,9 Meter können die Männchen ein Gewicht von 3,6 Tonnen erreichen. Da sie diesen massigen Körper auf ziemlich kurzen, stämmigen Beinen herumschleppen müssen, wirken die Tiere recht plump. Weibchen sind dagegen deutlich kleiner, sie bringen nicht einmal halb so viel Gewicht auf die Waage wie gleichaltrige Bullen.

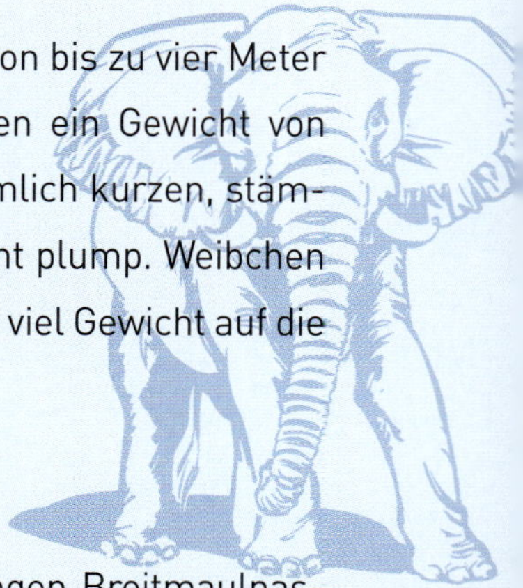

Spezialisten fürs Rasenmähen

Da so ein großer Körper auch ernährt werden muss, verbringen Breitmaulnashörner etliche Stunden des Tages mit Fressen. Auf eine abwechslungsreiche Ernährung legen sie dabei keinen Wert: Als einzige der heute lebenden Nashörner

haben sie sich für eine reine Grasdiät entschieden. Ihren langen Kopf können sie bequem so in Position bringen, dass ihr Maul direkt den Boden erreicht. Um den schweren Schädel zu halten, benötigen sie allerdings viele stabile Bänder, die im Nacken der Tiere einen Buckel bilden. Damit aber ist eine effektive Rasenmähertechnik kein Problem. Hungrige Breitmaulnashörner schaukeln einfach den Kopf hin und her und fressen so in breiten Bahnen das Gras ab.

Da sie keine Schneide- oder Eckzähne besitzen, können sie die Halme allerdings nur mit den breiten Lippen abrupfen.

Savannen und Grasland sind aus Sicht dieser Dickhäuter also ein guter Lebensraum. Daneben benötigen sie aber auch dichtes Gebüsch als Rückzugsmöglichkeit und schattige Plätze, an denen sie in der Mittagshitze ihre Siesta halten können. Auch Wasserlöcher sind wichtig, weil die Tiere gern kühle Bäder nehmen und jeden Tag bis zu 80 Liter Wasser trinken. Notgedrungen kommen sie in Trockenzeiten allerdings auch ein paar Tage ohne Flüssigkeit aus.

Nach dem Bad im Wasser schließen die Tiere oft auch noch ein spezielles Pflegeritual an. Sie wälzen sich im Staub und kleistern so ihre graue oder bräunliche Haut mit einer Lehmkruste zu. Das schützt vor lästigen Fliegen und Parasiten. Zu den Dickhäutern zählt man übrigens auch diese Tiere zu Recht. Zwar wird ihre bis auf die Ohren und die Schwanzspitze unbehaarte Haut nicht so dick wie die eines Elefanten. Doch im Vergleich zu anderen Säugetieren mit ihrer nur wenige Millimeter dicken Körperhülle kann sich die 2,5 Zentimeter starke Haut an den Flanken und am Rücken eines Breitmaulnashorns durchaus sehen lassen. Nützlich ist diese kräftige Schutzschicht vor allem, weil sie Verletzungen durch die Hörner von Artgenossen verhindert.

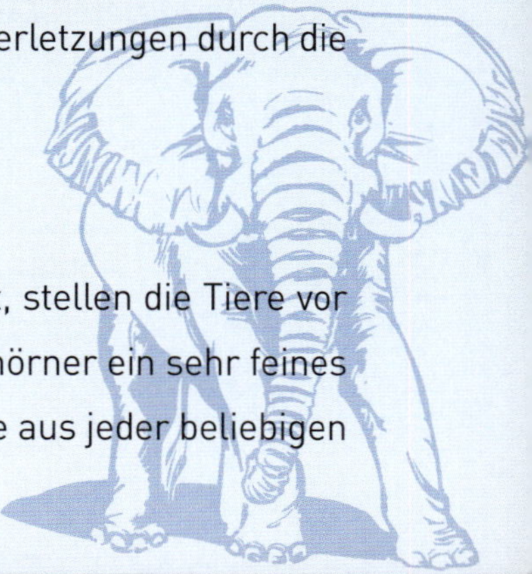

Gute Ohren, schlechte Augen

Wann ein möglicherweise aggressiv gestimmter Rivale naht, stellen die Tiere vor allem mit zwei Sinnen fest. Zum einen haben Breitmaulnashörner ein sehr feines Gehör und können ihre Ohren so drehen, dass sie Geräusche aus jeder beliebigen

Richtung auffangen. Zum anderen können sie sich jederzeit auf ihre empfindliche Nase verlassen. Wie wichtig der Geruchssinn für die Tiere ist, zeigen die ungewöhnlichen Größenverhältnisse in ihrem Kopf: Die Riechzellen in ihren Nasengängen nehmen mehr Platz ein als das gesamte Gehirn.

Die für Menschen wichtigsten Sinnesorgane dagegen haben die Breitmaulnashörner im Lauf ihrer Evolution etwas vernachlässigt: Die Dickhäuter sehen ziemlich schlecht. Gehör und Geruch aber genügen den Tieren offenbar, um sich in ihrem Lebensraum gut zurechtzufinden und mögliche Gefahren rechtzeitig zu entdecken. Sonst würden Breitmaulnashörner wohl kaum ein so stattliches Alter erreichen. Ihre Lebenserwartung liegt bei etwa 40 Jahren.

Spitzmaulnashorn

BIOLOGISCHER STECKBRIEF

Wissenschaftlicher Name
Diceros bicornis

Familie
Nashörner (Rhinocerotidae)

Heimat
Afrika südlich der Sahara, nicht im Regenwald; heute aber in wenige, kleine Lebensräume zersplittert

Lebensraum
Savannen, Trockenwälder, Buschvegetation

Größe
Bis 1,8 m hoch, 3 m lang, 1,4 t schwer

Ernährung
Blätter von Akazien und Wolfsmilchgewächsen

Sein Name beschreibt das Spitzmaulnashorn sehr treffend. Im Gegensatz zu den breiten Lippen des Breitmaulnashorns hat es eine kräftige, spitz zulaufende Oberlippe.

Diese benötigt das im Vergleich zu seinem Verwandten erheblich agiler wirkende Tier für seine Lieblingsspeise, die Blätter von Akazien und Wolfsmilchgewächsen. Normalerweise knabbern Säugetiere Pflanzen mit breiten Schneidezähnen ab, die dem Nashorn aber völlig fehlen. Also pflückt das Tier Stängel, Blätter und verschiedene Kräuter mit der spitzen Oberlippe und schiebt sie in den Schlund. Das aber tun Spitzmaulnashörner normalerweise nur in den Morgen- und Abendstunden. In der Mittagszeit wird es ihnen oft zu heiß, dann ist eine Siesta im Schatten angesagt. Nach der kräftigen Blätternahrung haben die Tiere gehörig Durst, 80 Liter Wasser schluckt ein Spitzmaulnashorn am Tag. Auch wenn die Dickhäuter notfalls ein paar Tage dürsten können, sollte die nächste Wasserstelle allenfalls 25 Kilometer entfernt sein.

Achtung, Nebenbuhler!

Anders als Breitmaulnashörner ist vor allem die männliche Verwandtschaft mit der spitzen Oberlippe als recht aggressiv bekannt. Die Bullen markieren ihr Revier mit Kot. Da sie viel Platz beanspruchen, lassen sie, wo immer es möglich ist, an den Grenzen ihres Reviers Kot fallen und kratzen den Haufen breit, damit der Geruch auch gut in der Luft hängt. Dieses klare Signal aber hält Nebenbuhler durchaus nicht immer von Grenzüberschreitungen in feindlicher Absicht ab. In solchen Fällen versteht der Revierinhaber wenig Spaß: Die beiden Hörner werden nach oben gerichtet und schon stürmt der zornige Bulle auf seinen offensichtlichen Nebenbuhler los. Was folgt, ist keineswegs wie bei vielen anderen Arten ein

Schaukampf, sondern blutiger Ernst. Mit den Hörnern reißen sich die Bullen tiefe Wunden, sehr viele Tiere sterben an diesen Verletzungen. Die Weibchen dagegen sind viel friedlicher. Je nach Nahrungsangebot sind ihre Reviere zwischen drei und 90 Quadratkilometer groß. Wenn sich ihre Gebiete mit dem Revier der Nachbarin überschneiden, stört die Nashornkuh das wenig, verteidigt wird das eigene Revier schließlich auch nicht.

Mit vier oder fünf Jahren wird eine Spitzmaulkuh geschlechtsreif, die Bullen interessieren sich erst im Alter von zehn oder zwölf Jahren für das andere Geschlecht. 14 bis 16 Monate nach einer der seltenen Begegnungen zwischen Bullen und Kühen kommt das rund 40 Kilogramm schwere Kalb zur Welt. Bereits mit zwei Monaten wird es entwöhnt und frisst danach genau wie seine Mutter schmackhafte Akazienblätter und Kräuter. Allerdings ziehen die Kälber noch lange mit ihren

Müttern durch das Revier. Schließlich lernt man die schmackhaftesten Pflanzen und die gesündeste Ernährung am besten von der erfahrenen Mutter.

Bedrohte Riesen

Ausgewachsen bringen es Spitzmaulnashörner dann auf bis zu drei Meter Länge, 1,8 Meter Höhe und ein Gewicht von 1,4 Tonnen. Damit sind sie etwas kleiner als ihre Verwandten mit der breiten Schnauze. Die Schattierung ihrer zwei Zentimeter dicken Haut ähnelt der Bodenfarbe des jeweiligen Lebensraums und liegt daher meist zwischen dunkelgrau und braun.

Je nach Verbreitungsgebiet der Tiere unterscheiden Biologen vier Unterarten. Das Westliche Spitzmaulnashorn in Zentral- und Westafrika gilt allerdings als ausgestorben, seit 2005 auch im Norden Kameruns keine Exemplare mehr entdeckt wurden. Zwischen dem Sudan, Äthiopien und Tansania streiften einst die Östlichen Spitzmaulnashörner durch die Savanne. Im Jahr 2005 zählten Naturschützer nur noch 639 von ihnen, die meisten leben in Kenia. Vom Südlichen Spitzmaulnashorn gab es zwischen Tansania und Südafrika im Jahr 1980 immerhin noch 9090

Exemplare. 2005 waren nur noch 1866 Tiere dieser Unterart übrig, die meisten davon in Südafrika. Am besten geht es dem Südwestlichen Spitzmaulnashorn, das seinen Bestand von 1980 bis 2005 auf 1220 Individuen verdoppeln konnte. Allerdings leben 95 Prozent dieser Tiere in Namibia, während früher viele Artgenossen auch in Angola, Botsuana und Südafrika saftige Blätter von den Ästen pflückten.

Todesursache ist wie meist bei den Dickhäutern die Trophäenjagd. Dabei besteht das Horn gar nicht aus Elfenbein, sondern ist im Prinzip nichts anderes als ein überdimensionaler Fingernagel aus Keratin. Erst seit die Wilderei massiv bekämpft wird, konnten sich in einigen Gegenden Afrikas die Bestände der Spitzmaulnashörner wieder erholen.

Panzernashorn

BIOLOGISCHER STECKBRIEF

Wissenschaftlicher Name
Rhinoceros unicornis

Familie
Nashörner (Rhinocerotidae)

Heimat
Ursprünglich zwischen dem Osten Pakistans bis in den Süden Indiens, heute nur noch Bhutan, Nepal und Indien

Lebensraum
Sumpfige Überflutungsgebiete, Hochgrasfluren, Trockenwälder, Savannenwälder

Größe
Bis 1,85 m hoch, 3,7 m lang, 2,2 t schwer

Ernährung
90 Prozent Gras, daneben Blätter, Zweige und Früchte

Wenn sich ein Gewicht von 2,2 Tonnen auf stattliche 1,85 Meter Schulterhöhe und 3,7 Meter Länge verteilt, reicht das für ein indisches Panzernashorn leicht für den zweiten Platz in der Größentabelle der heute noch lebenden fünf Nashornarten. Es sind schon gewaltige Tiere, die sich gemütlich durch die Sümpfe, Grasländer und Wälder zwischen Indien und dem Süden Chinas fressen. Nur beim namensgebenden Horn sind sie etwas kurz gekommen, gerade einmal 20 Zentimeter wird das einzige Horn lang und wiegt ungefähr 700 Gramm.

Der massige Eindruck der Tiere wird durch die drei großen Hautfalten am Nacken und im Bereich der Vorder- und Hinterbeine erheblich verstärkt. Diese Falten erwecken aus einiger Entfernung zusammen mit der dicken Haut den Eindruck, die Nashörner würden Panzerplatten tragen. Ihren Namen haben die Tiere also nicht ganz zu Unrecht bekommen.

Sehr gesellig leben Panzernashörner nicht. Ausgewachsene Männchen sind Einzelgänger, die Artgenossen im Normalfall nur dann treffen, wenn es um die Paarung geht. Bei Weibchen ist das nicht viel anders. Kommt nach 16 Monaten Tragzeit das bereits 60 Kilogramm schwere Junge auf die Welt, bleibt es allerdings rund drei Jahre bei der Mutter. In Begleitung von neugeborenen Kälbern sind Panzernashornmütter ziemlich aggressiv, ansonsten verhalten sich beide Geschlechter meist recht friedlich. Mit sechs Jahren werden die Weibchen geschlechtsreif und bringen dann ungefähr jedes fünfte Jahr ein Kalb zur Welt. Bei einer Lebenserwartung von höchstens 45 Jahren bekommt eine Nashornkuh demnach höchstens acht Mal Nachwuchs. Ist die Art erst einmal dezimiert, dauert es daher relativ lange, bis sie sich von dem Aderlass erholt.

Abschussprämien für Hornträger

Gefahren aber drohen dem Panzernashorn genau wie den anderen Mitgliedern der Nashornfamilie vor allem durch den Menschen. Als die Zweibeiner ab dem 17. Jahrhundert zunehmend Überschwemmungsflächen trockenlegten oder als Reisfelder nutzten, Wälder abholzten und Grasland in Weideland umwandelten, nahmen sie den Dickhäutern den Lebensraum weg. Die passten sich jedoch an und tauchen heute auch auf Rinderweiden und Ackerland auf. Dieses Verhalten aber bekam der Art nicht gut, die Menschen befürchteten, die Nashörner würden die Teeplantagen plündern. Prompt setzte die Kolonialregierung Indiens Abschussprämien aus und die Zahl der Dickhäuter wurde weiter dezimiert. Als die Art im 19. Jahrhundert schon recht selten war, entdeckten reiche Europäer

Panzernashörner als Jagdtrophäe. In vielen Gebieten starben die letzten Nashörner im Kugelhagel.

Am Anfang des 20. Jahrhunderts schien das Schicksal der Panzernashörner besiegelt, weltweit gab es keine 100 Exemplare der Art mehr. In dieser Situation stoppte die Kolonialregierung in Indien die Jagd und richtete Schutzgebiete ein, in denen die letzten Tiere überleben sollten. Die beiden größten Reservate waren der Kaziranga-Nationalpark im indischen Assam und der Royal-Chitwan-Nationalpark im Süden Nepals. Weil Panzernashörner nur wenig Nachwuchs haben, dauert es lange, bis sich die Bestände wieder langsam erholen. Aber immerhin geht es aufwärts, heute leben wieder rund 2500 Panzernashörner auf der Erde. Mit Abstand die meisten Nashörner stapfen mit 1500 Exemplaren durch den Kaziranga-Nationalpark. Etwa 400 Tiere gibt es im Chitwan-Nationalpark, der Rest lebt verstreut in weiteren Schutzgebieten, sogar durch Pakistan streifen wieder zwei Panzernashörner.

Über den Berg ist die Art aber immer noch nicht, allein in den fünf Jahren zwischen 2002 und 2006 fielen 170 Panzernashörner Wilderern zum Opfer, schätzt die Naturschutzorganisation WWF. Der Grund dafür sind die Hörner, die in der traditionellen asiatischen Medizin als Heilmittel gegen Epilepsie, Malaria, Vergiftungen und Abszesse begehrt sind. Bereits 1996 lag der Schwarzmarktpreis für ein einziges Horn daher bei 7000 Euro.

Sumatra-Nashorn

Mit allenfalls 800 Kilogramm Gewicht ist das Sumatra-Nashorn mit einigem Abstand der leichteste der heute lebenden Dickhäuter. Die Tiere unterscheiden sich auch in einigen weiteren

Eigenschaften vom Rest der Familie. So haben die Kälber ein dichtes, rotbraunes Fell, auch bei jungen Erwachsenen sieht man die Haare noch deutlich. Erst wenn die Tiere älter werden, ändert die Farbe sich zu schwarz und die Haare werden sehr spär-

BIOLOGISCHER STECKBRIEF

Wissenschaftlicher Name
Dicerorhinus sumatrensis

Familie
Nashörner (Rhinocerotidae)

Heimat
Ursprünglich vom Nordosten Indiens bis Borneo und Sumatra, heute nur noch zwei kleine Populationen auf Sumatra, eine auf Borneo und eine in Malaysia

Lebensraum
Dichte Regenwälder Südostasiens

Größe
Bis 1,3 m hoch, 800 kg schwer

Ernährung
Blätter, Zweige und Früchte

lich. Das ist aber immer noch mehr als bei den anderen Arten, die weitgehend haarlos daherkommen.

Solche Unterschiede wie ein schütteres Haarkleid innerhalb einer sonst weitgehend nackten Verwandtschaft lassen bei Evolutionsbiologen den Verdacht keimen, dass die außergewöhnliche Art älter als die Verwandten sein könnte. Genau das ist beim Sumatra-Nashorn auch der Fall, seit 26 Millionen Jahren traben die auch recht urtümlich wirkenden Tiere durch die Regenwälder Südostasiens. Die beiden afrikanischen Nashornarten dagegen sind gerade einmal fünf Millionen Jahre alt. Ähnlich wie beim Spitzmaulnashorn in Afrika ist auch beim Sumatra-Nashorn die Oberlippe deutlich verlängert und eignet sich hervorragend zum Abreißen von Blättern. 50 Kilogramm Blätter und Zweige rupft ein Tier in jeder Nacht von den Bäumen des Regenwalds, in dem es lebt. Von so einer Fleißarbeit muss man sich dann natürlich auch wieder erholen. Am Tag ruhen Sumatra-Nashörner daher oft in Tümpeln, die sie sorgfältig von jeder Vegetation befreien und oft auch noch vertiefen. Von offenem Wasser, das eine so erfrischende Abkühlung bietet, entfernen sich die Tiere nie allzu weit.

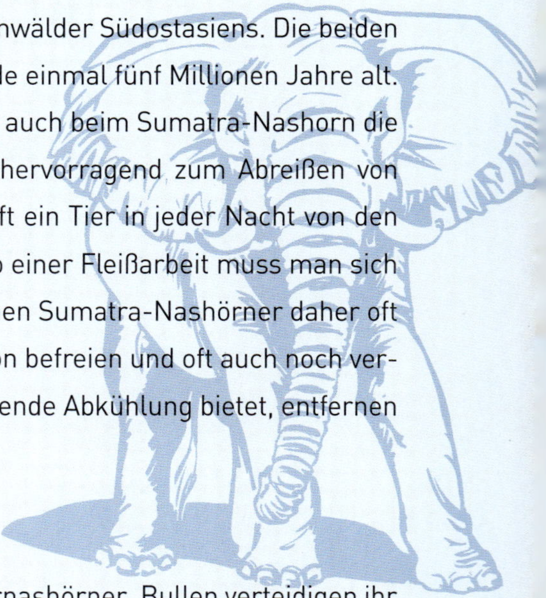

Die letzten ihrer Art

Sumatra-Nashörner sind aggressiver als Panzernashörner, Bullen verteidigen ihr Revier vor allem mithilfe ihrer kräftigen Eckzähne gegen Nebenbuhler. Im Alter von ungefähr sieben Jahren bekommen die Kühe ihr erstes, etwa 30 Kilogramm schweres Kalb nach einer Tragzeit von gerade einmal sieben oder acht Monaten.

Bevor knapp vier Jahre später der nächste Nachwuchs geboren wird, verjagt die Mutter ihren praktisch ausgewachsenen Sprössling. Da Sumatra-Nashörner in freier Wildbahn kaum älter als 35 oder 40 Jahre werden, bekommt eine Kuh allenfalls acht Kälber. Gerät die Art unter Druck, braucht sie daher lange, um sich wieder zu erholen.

Seit die Wälder Südostasiens verschwinden, ist diese Art gefährdet. Schlimmer noch wirkt die traditionelle asiatische Medizin, die das Horn aller Nashornarten gleichermaßen als gutes Heilmittel schätzt. Da auch in Südostasien immer mehr Menschen für ihre Gesundheit viel Geld ausgeben können, steigt die Nachfrage nach den begehrten Hörnern kräftig. Oft genug können die Hörner daher leicht mit Gold aufgewogen werden. Dabei ist allerdings zu beachten, dass ein Gramm Gold oft billiger als ein Gramm Horn ist.

Die Auswirkungen dieser Wucherpreise sind dramatisch. Gab es auf Sumatra in den 1980er-Jahren noch rund 800 Exemplare, leben heute in ganz Indonesien allenfalls noch 200 Sumatra-Nashörner. In Malaysia ist die Situation eher noch schlechter, dort haben höchstens 120 Tiere überlebt. Die Naturschutzorganisation WWF schätzt daher, dass insgesamt nur noch 280 bis 320 Sumatra-Nashörner durch die nächtlichen Regenwälder Südostasiens trotten. Damit gehören die Dickhäuter zu den seltensten Säugetieren der Welt. Nach 26 Millionen Jahren erfolgreicher Existenz in den Regenwäldern könnte der Mensch diese Art in wenigen Jahrzehnten ausrotten. Eines der urtümlichsten Tiere der Erde droht für immer zu verschwinden.

Java-Nashorn

Mit nur rund 50 überlebenden Tieren ist das Java-Nashorn nicht nur das mit Abstand seltenste Nashorn, sondern auch eines der bedrohtesten Säugetiere auf der Erde. Die Ursache für sein Verschwinden ist genau wie bei den anderen Nashornarten der Mensch. Zum einen zerstört er mit den Regenwäldern im Tiefland Südostasiens den Lebensraum der Tiere. Erheblich schwerer aber wiegt die Nachfrage der traditionellen asiatischen Medizin nach den Hörnern der Tiere, die vor allem als fiebersenkende Mittel und gegen andere Leiden eingesetzt werden. Da in vielen Staaten der Region die Wirtschaft boomt, ist genug Geld vorhanden, um Wucherpreise für die Hörner zu zahlen. In den 1970er-Jahren wurde ein Kilogramm Horn in Taiwan für 17 000 US-Dollar gehandelt.

Weil die Regierungen Südostasiens aber gegen die Wilderei nicht entschlossen vorgehen, steht die Art unmittelbar vor dem Aussterben. Im Cat-Tien-Nationalpark im Süden Vietnams teilen sich vermutlich noch sechs oder sieben Java-Nashörner einer eigenen Unterart eine Fläche von gerade einmal 6500 Hektar Regenwald. Dort leben aber auch rund 6000 Menschen, die illegal den Wald roden und in Äcker verwandeln. Experten zweifeln daher stark am Überleben der vietnamesischen Unterart.

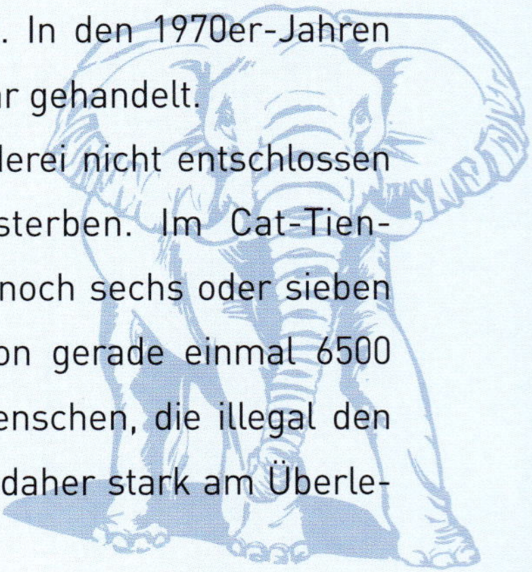

BIOLOGISCHER STECKBRIEF

Wissenschaftlicher Name
Rhinoceros sondaicus

Familie
Nashörner (Rhinocerotidae)

Heimat
Ursprünglich Südostasien einschließlich Java und Sumatra, heute nur zwei kleine Populationen in Vietnam und an der Westspitze Javas

Lebensraum
Regenwälder Südostasiens

Größe
Bis 1,7 m hoch, 3,2 m lang, 2 t schwer

Ernährung
Blätter, Zweige und Früchte

Ein wenig besser sieht es für die zweite Unterart aus, die an der Westspitze der Insel Java im Ujung-Kulon-Nationalpark überlebt hat. Dort gibt es noch 40 oder höchstens 50 dieser Nashörner, die mit dem indischen Panzernashorn in eine Gattung gehören und auch beinahe deren Größe erreichen: 170 Zentimeter Schulterhöhe und knapp zwei Tonnen Gewicht kann ein Bulle durchaus haben, die Kühe sind ein wenig kleiner.

Das Einhorn verschwindet

Die Tiere leben vor allem im Tiefland in sumpfigen Regionen, in denen sie viele Gelegenheiten zum Suhlen im Schlamm finden. Wie alle heute lebenden Nashörner sind auch die Java-Nashörner rechte Einzelgänger, die Artgenossen normalerweise nur bei zwei Gelegenheiten treffen: zur Paarung und bei Rivalenkämpfen zwischen den Bullen. Sind die Nashornkühe knapp sechs Jahre alt, bringen sie nach 16 Monaten Tragzeit ein Kalb zur Welt, das bei der Geburt bereits 40 Kilogramm wiegt. Genau wie bei den Panzernashörnern dauert es vier oder fünf Jahre bis zum nächsten Nachwuchs, sodass ein Weibchen nur sieben oder acht Mal Nachkommen hat. Auch die Männchen lassen sich ähnlich wie bei anderen Nashörnern viel Zeit mit der Fortpflanzung. Mit sieben oder acht Jahren sind die Bullen des Java-Nashorns erstmals physisch dazu in der Lage. Zur Tat aber schreiten die Tiere erst, wenn sie ein Revier mit einer Größe von rund 20 Quadratkilometer verteidigen können. Da sich die Tiere also nur langsam vermehren, dauert es selbst mit strengen Schutzmaßnahmen sehr lange, bis sich eine dezimierte Population wieder erholt.

Genau wie sein Verwandter, das Panzernashorn, hat auch das Java-Nashorn nur ein einziges Horn, das mit einer Größe von 15 bis allenfalls 25 Zentimeter sogar noch etwas kleiner als bei diesem ausfällt. Als Marco Polo im ausgehenden 13. Jahrhundert wahrscheinlich als erster Europäer in den Wäldern des heutigen Myanmar ein solches Nashorn sah, beschrieb er es als Einhorn und bereicherte so die europäische Literatur um ein weiteres Fabelwesen. Heute steht dieses sehr reelle Märchentier unmittelbar davor, endgültig in die Welt der Fabeln zu verschwinden.

Begehrtes Horn

Kopfschmuck und Trophäenjagd

Der Name „Nashorn" ist wohl einer der treffendsten im Tierreich, das Horn auf dem Nasenbein ist das bei Weitem auffallendste Kennzeichen dieser Familie. Nur die neugeborenen Kälber tragen diesen Kopfschmuck noch nicht, sonst wäre die Geburt zu gefährlich. Aber schon bald beginnt ein kleines Horn zu wachsen, bei vielen Arten sind es auch zwei Hörner, von denen das vordere fast immer größer ist. Nur einige, längst ausgestorbene Arten trabten hornlos umher.

Bei einem Hirsch wächst aus dem Schädelknochen eine spezielle Knochenstruktur, die „Geweih" genannt wird. Die Stoßzähne der Elefanten wiederum sind Zähne. Mit solchem Kopfschmuck aber hat das Horn eines Nashorns wenig zu tun, es ist weder ein Knochen noch Zahnschmelz. Schon eher ähnelt es dem Horn eines Rindes, dem auf der Schädeldecke ein Knochenzapfen wächst, um den sich dann ein Keratin genanntes, faseriges Eiweiß festsetzt. Das gesamte hohle Horn eines Rindes besteht aus diesem Keratin, aus dem sich auch die Hornhaut des Auges, Fingernägel und vor allem Haare bilden. Anders als ein Rind aber hat ein Nashorn keinen Knochenzapfen als Ankerpunkt, das Horn wächst vielmehr direkt aus dem Nasenbein und ist nicht hohl, sondern solide.

Dieses eigentlich stumpfe Horn nutzt sich im Lauf der Zeit bei Kämpfen mit Artgenossen und beim Reiben am Boden oder an Bäumen ab und ähnlich wie bei einem Bleistift bildet sich eine Spitze. Der größte jemals vermessene

Begehrtes Horn

Nasenschmuck hatte die stattliche Länge von 158 Zentimeter und erreichte so die Länge einiger eher kleingewachsener Menschen.

Dieses Horn aber wurde den Tieren vor allem im 20. Jahrhundert zum Verhängnis. Nashörner wurden zwar vermutlich zu allen Zeiten gejagt, um ihr Fleisch zu essen oder ihre Haut zu verwenden. Auch das Horn war wohl häufig eine begehrte Jagdtrophäe. Es war dann auch der Mensch, der die in Europa während der Eiszeit heimischen Nashornarten ausrottete. Die beiden afrikanischen und die drei asiatischen Nashornarten aber überlebten diese „Overkill" genannte Ausrottungsphase in der Steinzeit, der wohl auch Mammuts, Säbelzahntiger und Höhlenlöwen zum Opfer fielen.

Dolchgriffe und Medizin

Während die asiatischen Arten zunehmend ihren Lebensraum verloren und unter anderem deshalb immer weniger wurden, ging es den beiden afrikanischen Arten noch relativ gut. Dann aber wurden im Jemen Dolchgriffe modern, die kunstvoll aus dem Horn der Tiere geschnitzt wurden. Vor allem in den 1970er-Jahren stieg daher die Nachfrage nach den Hörnern der afrikanischen Nashörner kräftig an. Jährlich gingen in dieser Zeit 3000 Kilogramm Hörner und damit 40 Prozent der insgesamt erbeuteten oder gewilderten Hörner in den Jemen. Doch wenn die Nachfrage steigt, klettern die Preise – im Jemen verzwanzigfachte sich die Summe, die für ein Kilogramm Horn verlangt wurde. Weil ein Teil dieser enormen Preissteigerung auch die Jäger erreichte, wurde die Wilderei viel lukrativer als vorher und nahm sprunghaft zu.

Doch damit nicht genug: In Asien wurden wohl seit Jahrtausenden die Hörner zu einem Pulver verarbeitet, das als Medikament der traditionellen Medizin gegen Fieber, Bewusstlosigkeit, Krämpfe, Abszesse, Verbrennungen und alle möglichen anderen Leiden eingesetzt wurde. Da die Hörner genau aus dem gleichen Keratin wie Fingernägel oder Kuhhörner aufgebaut sind, hätten die Heiler natürlich auch zerriebene Kuhhörner oder Fingernägel gegen solche Leiden verabreichen können. Aber das unverwundbar erscheinende Nashorn hatte wohl immer das bessere Image, es wurde fast ausschließlich Nashornpulver verwendet. Als die asiatischen Arten dann kurz vor der Ausrottung standen, verlagerte sich die Nachfrage auf die beiden afrikanischen Verwandten.

Die gerieten so immer weiter unter Druck. Beinahe schlagartig begannen nun auch in Afrika die Bestände zusammenzubrechen.

Mitte der 1970er-Jahre wurden dann erste Naturschutzabkommen geschlossen, der Handel mit dem Horn des Nashorns war nun verboten. Die Nachfrage aus dem Jemen ging dann tatsächlich weitgehend zurück, allerdings importierten etliche asiatische Länder illegal weiter kräftig Nashorn für die traditionelle Medizin. Heute kommt der Druck auf die Tiere daher vor allem aus Asien. Solange Länder gegen Wilderei tatkräftig vorgehen, können sich dort die Bestände wieder erholen. Bricht aber die staatliche Ordnung wie zum Beispiel in der Republik Kongo zusammen, beginnt schlagartig die Wilderei wieder. Genau dort wurden dann auch bis zum Jahr 2008 die letzten Exemplare der nördlichen Unterart des Breitmaulnashorns ausgerottet.

Nashörner mit Reiseführer

Breitmaulnashörner kann man daher heute vor allem im südlichen Afrika noch beobachten. Auch Wissenschaftler heften sich dort häufig den Dickhäutern an die Fersen und finden Erstaunliches heraus. Bis heute haben die massigen Dickhäuter noch längst nicht alle Geheimnisse ihres Privatlebens preisgegeben. So sind ja eigentlich alle Nashörner als Einzelgänger verschrien. Doch dieses Bild stimmt nicht immer. Halbwüchsige Tiere wagen sich nämlich nur in Begleitung eines erfahrenen „Reiseführers" auf fremdes Terrain, berichten Adrian Shrader und seine Kollegen von der University of the Witwatersrand in Südafrika. Sie haben halbwüchsigen Nashörnern im Hluhluwe-Umfolozi-Schutzgebiet in der südafrikanischen Provinz KwaZulu-Natal Radiosender in die Hörner gepflanzt und mithilfe dieser Signale die Tiere zwei Jahre lang vom Hubschrauber aus verfolgt.

Zu ihrer Überraschung haben sie dabei beobachtet, dass ortskundige Artgenossen die jungen Dickhäuter auf ihren Erkundungstouren im knapp 900 Quadratkilometer großen Reservat begleiten. Wenn heranwachsende Breitmaulnashörner ihre Mütter verlassen, streifen sie bis zu zwölf Jahre lang durch die Gegend, bevor sie sich schließlich in einem eigenen Revier niederlassen. In dieser Zeit hat ein Reisegefährte mehrere Vorteile, meinen die Forscher. Ein Jungtier auf Entdeckungsreise weiß schließlich weder, wo Feinde oder rivalisierende Artgenossen lauern, noch wo Wasserstellen und Nahrungsgründe liegen. In beiden Fällen kann der erfahrene Begleiter helfen, die Risiken der Reise zu verringern. Bisher kennen Biologen kein anderes Tier, dass sich in ähnlicher Weise auf einen „Kumpel" verlässt.

Für den Nashornschutz liefern die Beobachtungen der Forscher wichtige Hinweise. Zu Anfang des 20. Jahrhunderts hatten Jäger die Bestände des Südlichen Breitmaulnashorns auf ungefähr 20 Exemplare dezimiert. Inzwischen leben wieder mehr als 12 000 der massigen Tiere in freier Wildbahn – eine Erfolgsgeschichte des Naturschutzes. Auch in Hluhluwe vermehren sich Breitmaulnashörner zeitweise so gut, dass Überbevölkerung droht. Dann fangen die Parkmanager die Tiere in einzelnen Teilen des Reservats ein und verfrachten sie in Zoos oder andere Schutzgebiete. Die freigewordenen Territorien werden wieder besiedelt – allerdings nur, wenn es noch „Ortskenner“ gibt, die halbwüchsige Neuankömmlinge dorthin führen können.

Gefährdete Dickhäuter

Das Auf und Ab der Hornträger

Auf den ersten Blick scheint sich die Situation der Nashörner in Afrika deutlich verbessert zu haben, schließt die Naturschutzorganisation WWF aus Schätzungen der Weltnaturschutzunion IUCN. Allerdings betrifft die Erholung vor allem das Südliche Breitmaulnashorn *(Ceratotherium simum simum)* in Südafrika. Von dieser Unterart gab es einst gerade noch 20 Exemplare, 2007 trabten wieder rund 17 500 der gepanzerten Riesen durch die Savannen im Süden des Schwarzen Kontinents.

Zumindest in freier Wildbahn scheint dagegen die zweite Breitmaulnashorn-Unterart *Ceratotherium simum cottoni* ausgestorben. Als Wissenschaftler die Tiere aus tief fliegenden Flugzeugen zählten, kamen sie im Jahr 2000 noch auf 24 bis 30 Exemplare in deren letztem Zufluchtsort, dem Garamba-Nationalpark im Kongo. Doch die Bürgerkriegswirren in diesem Land haben die Unterart dann bis zum Jahr 2008 ausgerottet.

Erheblich schlechter als beim Breitmaulnashorn ist die Situation bei den Spitzmaulnashörnern, stellt die Zoologische Gesellschaft Frankfurt (ZGF) fest. Ganz gut erholt haben sich nur die beiden Unterarten im Süden und Südwesten Afrikas, von denen es 2007 insgesamt wieder rund 3500 Exemplare gibt. Dagegen ist die Unterart Westliches Spitzmaulnashorn *(Diceros bicornis longipes)* in Kamerun wohl ausgestorben. Seit 1996 haben Naturschützer dort jedenfalls kein Tier mehr beobachtet. Und auch die vierte Unterart des Spitzmaulnashorns *Diceros bicornis michaeli* im Osten Afrikas ist mit vielleicht

600 Tieren im Jahr 2007 stark gefährdet, berichtet Markus Borner von der ZGF.

Dem noch von Bernhard Grzimek bei der Organisation eingestellten Naturschützer ist vor allem das Jahr 2000 als Katastrophenjahr für die Östlichen Spitzmaulnashörner in Erinnerung geblieben. Eigentlich hatten sich die Tiere beispielsweise im Ngorongoro-Krater im Norden Tansanias ja recht gut etabliert. Im Jahr 1999 lebten dort 17 Dickhäuter, vier Weibchen waren trächtig. Der Bestand schien gute Zukunftschancen zu haben. Doch Anfang 2000 schlug das Schicksal unerbittlich zu: Ein Nashornkalb wurde von Löwen gerissen. Seine Mutter starb nur zwei Monate später durch einen Zusammenstoß mit Büffeln oder Elefanten, bei dem sie sich einige Rippen brach.

Kurz danach übertrugen Zecken den Erreger einer Babesiose genannten Krankheit auf etliche Nashörner.

Normalerweise wird das Immunsystem der Dickhäuter mit diesen Parasiten leicht fertig. Vor der Infektion aber hatte im Jahr 2000 eine schwere Dürreperiode die Region heimgesucht. Früher verließen die Nashörner in solchen Situationen den Ngorongoro-Krater und weideten in der Umgebung. Seit etwa 30 Jahren aber siedeln dort zunehmend Massai und versperren so den Dickhäutern und vielen anderen Tieren die Futteralternative. Im Ngorongoro-Krater starben durch die Dürre rund 800 der insgesamt 5000 Kaffernbüffel, zweihundert Gnus und 30 Löwen verhungerten ebenfalls. Die Nashörner dagegen überlebten die Dürre, allerdings war das Immunsystem der hungernden Tiere sehr geschwächt. Als dann schwere Regenfälle die Trockenheit ablösten, konnten sich die Zecken und die Krankheitserreger stark vermehren. Auch die Nashörner wurden infiziert. Weil ihr Immunsystem nicht mehr richtig arbeitete starben zwei trächtige

Kühe und ein weiteres Tier an den Parasiten. Am Ende des Jahres 2000 trabten nur noch zwölf der extrem seltenen Östlichen Spitzmaulnashörner durch den Ngorongoro-Krater, fast ein Drittel des dortigen Bestands war innerhalb eines Jahres verschwunden.

Zu größerem Optimismus gab zur gleichen Zeit dagegen die benachbarte Serengeti Anlass: Dort lebten Anfang der 1990er-Jahre gerade noch zwei Weibchen der gleichen Unterart wie im Ngorongoro-Krater. Diese Artgenossinnen aber fand der Spitzmaulnashorn-Bulle Rajabu aus dem Krater zielstrebig, als er dorthin auswanderte. Das Ergebnis seines Wandertriebs kann sich sehen lassen: Im Jahr 2000 lebten wieder sieben Spitzmaulnashörner in der Serengeti. Damit diese wenigen Tiere möglichst gute Überlebenschancen haben, stehen sie unter strenger Bewachung. Viele Nashörner im Ngorongoro-Krater und in der Serengeti kontrolliert die ZGF mit Telemetrie-Sendern. Sie melden den Aufenthaltsort der Tiere an die Stationen der Wildhüter, die beide Reservate überwachen. Scheinen die Hornträger durch Wilderer gefährdet, greifen sofort schwerbewaffnete Ranger ein.

Babyboom bei Java-Nashörnern

Einen ähnlichen Erfolg wie in der Serengeti meldete die Naturschutzorganisation WWF im Jahr 2001 auch beim Java-Nashorn. Vier Kälber gab es bei dieser auf weniger als 60 Exemplare geschrumpften Art in den Jahren 2000 und 2001. Das ist ein Riesenerfolg, war die Population in den 1930er-Jahren doch auf weniger als 30 Nashörner im Ujung-Kulon-Nationalpark in Indonesien geschrumpft. Im Jahr 2000 rüstete dann der WWF eine Expedition aus, die 18 Monate lang den Regenwald Indonesiens nach den Tieren durchkämmte. Dabei wurden die Spuren der Nashörner genau vermessen, um die einzelnen

Individuen auseinanderhalten zu können. Mit Fotofallen machten die Forscher Schnappschüsse. Molekularbiologen analysierten den Kot der Tiere und schlossen aus ihren Ergebnissen auf die Verwandtschaftsverhältnisse zwischen den Dickhäutern. Das Ergebnis zeigt, dass die Maßnahmen des WWF Früchte tragen: Seit den 1960er-Jahren finanzieren die Naturschützer zum Beispiel Wildhüter, die in den 1980er- und 1990er-Jahren keinen einzigen Fall von Nashorn-Wilderei mehr registriert haben. Gleichzeitig versucht der WWF, den Menschen in den Dörfern mit kleinen Projekten ein Zusatzeinkommen zu ermöglichen, damit sie im Reservat selbst keine Bäume mehr fällen oder illegale Feuerstellen anlegen. Knapp 50 Java-Nashörner leben heute wieder im Ujung-Kulon-Nationalpark, hat die WWF-Expedition festgestellt, weitere sechs Tiere gibt es in den Regenwäldern Vietnams.

Bis 2008 hat der WWF dann seine Methoden verfeinert und beobachtet die Nashörner mit Videokameras. Die laufen immer dann los, wenn ein größeres Tier eine Infrarot-Lichtschranke unterbricht. Schon eines der ersten Videos zeigte eine Nashornmutter mit ihrem Kalb. Das Weibchen inspizierte die Kamera dann in aller Ruhe und schleuderte sie anschließend durch die Luft. WWF-Mitarbeiter reparierten das Gerät später wieder, um damit weiteren Nashörnern auf die Spur zu kommen. Sollten sich damit insgesamt 80 Exemplare nachweisen lassen, wollen die Naturschützer wenige dieser Tiere fangen und in einem anderen Schutzgebiet wieder freilassen. Das soll die Chancen für das Überleben des Java-Nashorns verbessern.

Nashörner aus dem Gefrierschrank

Mit ganz anderen Methoden greifen dagegen Berliner Forscher den Dickhäutern unter die Hufe. Es würde ja nahe liegen, die bedrohten Tiere in Zoos zu vermehren und dann wieder auszuwildern. Das Problem ist nur: Sie wollen einfach nicht. Breitmaulnashörner gehören zu den Tierarten, die sich im Zoo nur selten fortpflanzen.

Die Weibchen entwickeln oft keinen normalen Zyklus und die Männchen machen keine Anstalten, sie zu decken. „Die Tiere leben wie Geschwister zusammen, Sex spielt in ihrem Leben keine Rolle", sagt Thomas Hildebrandt vom Leibniz-Institut für Zoo- und Wildtierforschung (IZW) in Berlin. Er und seine Kollegen wollen den Dickhäutern trotzdem zu Nachwuchs verhelfen. Die Forscher haben zahlreiche neue Methoden für die künstliche Befruchtung verschiedener Tierarten entwickelt. Vor allem wenn es um Nashorn- und Elefanten-Schwangerschaften geht, ist das Berliner Team weltweit führend.

„Unsere Arbeit ist auch ein Beitrag zum Artenschutz", sagt Thomas Hildebrandt. Denn gerade die bedrohtesten Nashornarten wie das Sumatra- und das Nördliche Breitmaulnashorn vermehren sich in Gefangenschaft besonders schlecht. Weltweit liegt die Fortpflanzungsrate der etwa 740 Breitmaulnashörner in Zoos nur bei acht Prozent. In Europa waren zwar immerhin 15 Prozent der etwa 240 Weibchen schon einmal schwanger. Doch das ist immer noch wenig: „Schließlich ist mehr als die Hälfte der europäischen Weibchen im fortpflanzungsfähigen Alter", sagt die amerikanische Tierärztin Catherine Reid

vom IZW. In Sachen Nashornnachwuchs wäre also durchaus noch etwas zu verbessern. Zumal es für die weiblichen Dickhäuter nicht gesund ist, wenn sie nie trächtig werden. Ihre Gebärmutter kann dann degenerieren, manchmal bilden sich Zysten und Tumore. Da liegt der Gedanke an künstliche Befruchtung nahe. Doch das ist ein schwieriges Unterfangen.

Die Probleme beginnen schon bei der Beschaffung des geeigneten Spermas. Schließlich hat nicht jeder Zoo einen fortpflanzungsfähigen Bullen, der nicht mit dem Weibchen verwandt ist. Und ein Tiertransport durch halb Europa ist nicht nur teuer, sondern auch mit Stress für den potenziellen Vater verbunden. Da sind die Erfolgsaussichten nicht sonderlich groß. Die Alternative wäre, das Sperma einzufrieren und so haltbar und transportfähig zu machen. Bei den Samenzellen von Menschen und verschiedenen anderen Tierarten funktioniert das auch ganz einfach: Man kühlt das Sperma in flüssigem Stickstoff auf Temperaturen von minus 196 °C herunter und taut es bei Bedarf wieder auf. Ungünstigerweise vertragen die Samenzellen von Nashörnern das allerdings viel schlechter als zum Beispiel die von Menschen. Denn sie sind von einer sehr empfindlichen Membran umhüllt, die beim Einfrieren leicht von Eiskristallen verletzt wird. Und das wäre das Ende für den erhofften Dickhäuternachwuchs.

Catherine Reid und Robert Hermes vom IZW arbeiten daher an einem alternativen Konservierungsverfahren. Eine etwa eineinhalb Meter lange, ratternde Maschine soll das Sperma künftig deutlich schonender einfrieren. In dem Gerät befinden sich mehrere Kammern mit verschiedenen Temperaturen.

In der ersten wird das Sperma zunächst nur auf plus 4 °C abgekühlt, in der nächsten herrschen dann schon minus 50 °C. „Allerdings wird dort zunächst nur die Spitze des Probegefäßes hineingefahren", erläutert Thomas Hildebrandt. Dadurch bilden sich die Kristalle nicht kreuz und quer an allen Seiten des Behälters, sondern zunächst nur an der kalten Spitze. Wenn das Gefäß dann nach und nach vollständig in die Kammer gefahren wird, entstehen alle weiteren Kristalle von der Spitze aus ordentlich in einer Richtung. Und dadurch sinkt die Verletzungsgefahr für die Samenzellen. Nach der minus 50 °C kalten Kammer folgt noch eine mit minus 100 °C und schließlich das Konservieren in flüssigem Stickstoff.

Allerdings müssen die Forscher das Sperma jeder Tierart etwas anders behandeln. Die ideale Geschwindigkeit, mit der das Gefäß durch die Kammern fährt, unterscheidet sich ebenso wie die chemischen Zusätze, mit denen man die Haltbarkeit noch erhöhen kann. Bis zu zwölf Milliliter Nashornsperma kann man so einfrieren. Das ist ein großer Fortschritt gegenüber den kleinen Proben von maximal zwei Millilitern, die bisherige Verfahren erlaubten. Die Forscher können mit der neuen Gefriermethode auch das Sperma von wilden Nashornbullen konservieren und für die Zucht einsetzen. So lässt sich verhindern, dass die Zoobestände genetisch verarmen. Etliche der frei lebenden Dickhäuter werden ohnehin manchmal betäubt, um sie umzusiedeln, sie medizinisch zu untersuchen oder ihnen zu Forschungszwecken einen Peilsender umzulegen. „Bei der Gelegenheit kann man dann auch gleich Sperma gewinnen", sagt Hildebrandt. Dazu müssen allerdings die Spezialisten des IZW vor Ort sein. Denn man benötigt für ein solches Unterfangen nicht nur viel Erfahrung, sondern auch spezielle Geräte. Jahrelang haben die IZW-Mitarbeiter gemeinsam mit Ingenieuren der Medizintechnikfirmen Schnorrenberg und General Electric an den Details der künstlichen Nashornbefruchtung gefeilt.

Die Schwierigkeiten beginnen schon damit, dass der potenzielle Vater für die Samenspende betäubt werden muss. Mit einem in der Humanmedizin gängigen Narkosemittel kommt man dabei allerdings nicht weiter. Bei einem zwei Tonnen schweren Nashornbullen bräuchte man dazu einen guten halben Liter des von Anästhesisten verwendeten Wirkstoffs. Also greifen die Spezialisten wie Chris Walzer von der Veterinärmedizinischen Universität Wien zum Wirkstoff Etorphin, der von Morphin abstammt, aber 1500-mal wirksamer ist.

Eineinhalb Milliliter reichen, um sogar einen sechs Tonnen schweren Elefantenbullen zu betäuben. Der Tierarzt aber muss bei der Anwendung höllisch aufpassen, weil die Substanz sehr leicht durch die Haut eindringt. Schon einige Veterinäre kamen so bei eigentlich kleinen Betriebsunfällen ums Leben.

Daher nimmt Chris Walzer ein Betäubungsgewehr oder eine Betäubungspistole, die dem Dickhäuter mit Druckluft ein Etorphin-Projektil verpasst. Auch das ist allerdings leichter gesagt als getan. So ein Nashorn trägt schließlich mit seiner zentimeterdicken Haut den Namen Dickhäuter völlig zu Recht. Nur hinter dem Ohr ist die Haut eineinhalb Zentimeter dünn und das Projektil hat eine Chance einzudringen. Sehr gut zielen muss Chris Walzer daher auch noch.

Liegt der Dickhäuter erst einmal flach, schauen die Ärzte mit Ultraschallgeräten, ob überhaupt Samenflüssigkeit vorhanden ist. Dann wird dem Nashornbullen durch den After ein elektrisches Spezialgerät eingeführt. Das stimuliert bestimmte Nervenzellen in der Nähe der Prostata, die für den Ausstoß der Samenflüssigkeit zuständig sind. Und damit auch alles gut klappt, massieren die IZW-Spezialisten Thomas Hildebrandt, Robert Hermes und Frank Göritz den einen Meter langen und mit seitlichen Hautflügeln ausgerüsteten Penis auch noch.

Das Geschlechtsorgan des Bullen muss so lang sein, damit sein Samen auch die tief im Körper des Weibchens liegenden Eizellen erreicht. Eineinhalb Stunden dauert der Geschlechtsakt bei den Nashörnern, mehrmals stößt der Bulle dabei Samen aus, um im kompliziert gebauten Gebärmutterkanal des Weibchens auch zum Erfolg zu kommen. Und recht häufig schläft das erschöpfte Männchen noch während der Begattung ein – dann halten die Hautfalten den Penis an Ort und Stelle fest. Der Bulle Easyboy im Zoo von Budapest aber hat sich bisher noch nie zu diesem Kraftakt mit seiner Partnerin Lulu aufgerafft. Zwar leben die beiden schon seit Jahren zusammen und hätten theoretisch problemlos Eltern werden können. Wie viele ihrer im Zoo gehaltenen Artgenossen zeigen sie allerdings keinerlei Interesse an Sex. Daher hat das Team um Thomas Hildebrandt dem betäubten Easyboy in einer 15-minütigen Aktion zwischen fünf und 40 Milliliter Samenflüssigkeit entnommen. Kurz nachdem der Bulle diese Prozedur überstanden hatte, betäubten die Tierärzte auch seine Partnerin und führten ihr das Sperma ein. Auch das klingt allerdings leichter als es ist. Denn weibliche Nashörner haben einen eineinhalb Meter langen und kompliziert gewundenen Gebärmutterhals. Nur mit einem am IZW entwickelten Spezialinstrument kann man da tief genug eindringen, um den Samen richtig zu platzieren. Ist das geschafft, wird dem Tier ein Gegenmittel gegen den Narkosewirkstoff gespritzt. Schon nach zwei Minuten steht es wieder auf den Beinen und die Tierärzte können nur noch hoffen, dass die Befruchtung geklappt hat. Etwa 16 Monate später kann dann der Nashornnachwuchs geboren werden.

Tatsächlich brachte Lulu am 23. Januar 2007 ein quicklebendiges Kalb zur Welt. Noch ein wenig unsicher stapfte das Baby am späten Abend seines Geburtstags durch das Budapester Gehege. Nichts fiel an dem stämmigen Tier auf, nur das Horn fehlte noch und deutete sich wie bei allen Neugeborenen durch eine flache Wölbung am Schädel an. Doch dieser so normal aussehende kleine Dickhäuter wird von Wildtierexperten weltweit als Sensation gefeiert. Schließlich hat es nie zuvor ein Nashorn gegeben, das sein Leben einer künstlichen Befruchtung verdankt.

Auf dem Weg zum Retorten-Nashorn

Wie seine Eltern ist der kleine, graue Star des Budapester Zoos ein Südliches Breitmaulnashorn. Doch auch für die extrem bedrohte nördliche Unterart könnte seine Geburt eine neue Chance bieten. Denn um das Nördliche Breitmaulnashorn vor dem Aussterben zu retten, entwickeln die IZW-Spezialisten und ihre Kollegen in aller Welt ihre Befruchtungsmethoden noch weiter. In der Natur gab es lange Jahre nur noch rund 30 Nördliche Breitmaulnashörner im Nordosten der Republik Kongo an der Grenze zum Sudan. Die Bürgerkriegswirren im Land haben diese Population dann bis zum Jahr 2008 ausgelöscht. „Naturschutzverbände und staatliche Organisationen haben das Nördliche Breitmaulnashorn daher praktisch aufgegeben", ärgert sich Thomas Hildebrandt.

Dabei sieht er mit der in langen Forschungsjahren entwickelten IZW-Methode der künstlichen Befruchtung von Nashörnern durchaus noch Chancen für diese Unterart. Denn noch leben im Zoo von San Diego in Kalifornien zwei Männchen und zwei Weibchen. Und durch den tschechischen Zoo Dvůr Králové tappen zwei weitere Weibchen des Nördlichen Breitmaulnashorns. Allerdings verlieren Nashornweibchen schnell ihre Fruchtbarkeit, wenn sie lange Zeit nicht begattet werden. Daher ist vermutlich von den vier in Zoos lebenden Weibchen nur noch das jüngste Tier in Tschechien überhaupt in der Lage, Kälber zu bekommen.

Bei einer natürlichen Befruchtung aber wäre das Risiko viel zu groß, auch noch diese letzte Hoffnungsträgerin ihrer Art zu verlieren. Also möchte IZW-Forscher Thomas Hildebrandt Eizellen des Nördlichen Breitmaulnashorns im Reagenzglas befruchten. Um eine solche Eizelle zu gewinnen, benötigt man erneut eigens für diesen Zweck entwickelte Geräte – die Eizellen befinden sich schließlich gut eineinhalb Meter von der Geschlechtsöffnung des Weibchens entfernt.

Weil die beim Menschen und auch bei Pferden längst etablierten Methoden sich nicht auf Nashörner übertragen lassen, entwickeln Thomas Hildebrandt und seine Kollegen im Labor auch speziell für die Dickhäuter Cocktails aus Hormonen und anderen Wirkstoffen, die eine Eizelle im Reagenzglas reifen lassen. Samenzellen der letzten beiden Nördlichen Breitmaulnashornbullen sollen dann in wenigen Jahren die Eizellen der verbliebenen Weibchen im Reagenzglas befruchten. „Zum Glück lassen sich die so erhaltenen Embryonen viel einfacher als Samenzellen einfrieren", erklärt Thomas Hildebrandt einen weiteren Trumpf bei der verzweifelten Rettungsaktion für das Nördliche Breitmaulnashorn.

So können einige Embryonen aufgehoben werden und nur eine oder zwei befruchtete Eizellen werden einem Nashornweibchen eingepflanzt. Als Leihmütter denkt Thomas Hildebrandt dabei an Südliche Breitmaulnashörner, um das letzte fortpflanzungsfähige Weibchen der nördlichen Unterart zu schonen. Wenn nach dieser Prozedur eines Tages tatsächlich ein kleines Kälbchen zur Welt kommen sollte, würde es die Naturschützer widerlegen, die heute das Nördliche Breitmaulnashorn weitgehend aufgegeben haben. Wegbereiter für einen solchen Erfolg aber wäre dann das Nashornbaby gewesen, das am 23. Januar 2007 am späten Nachmittag im Budapester Zoo geboren wurde.

Rettung in freier Wildbahn

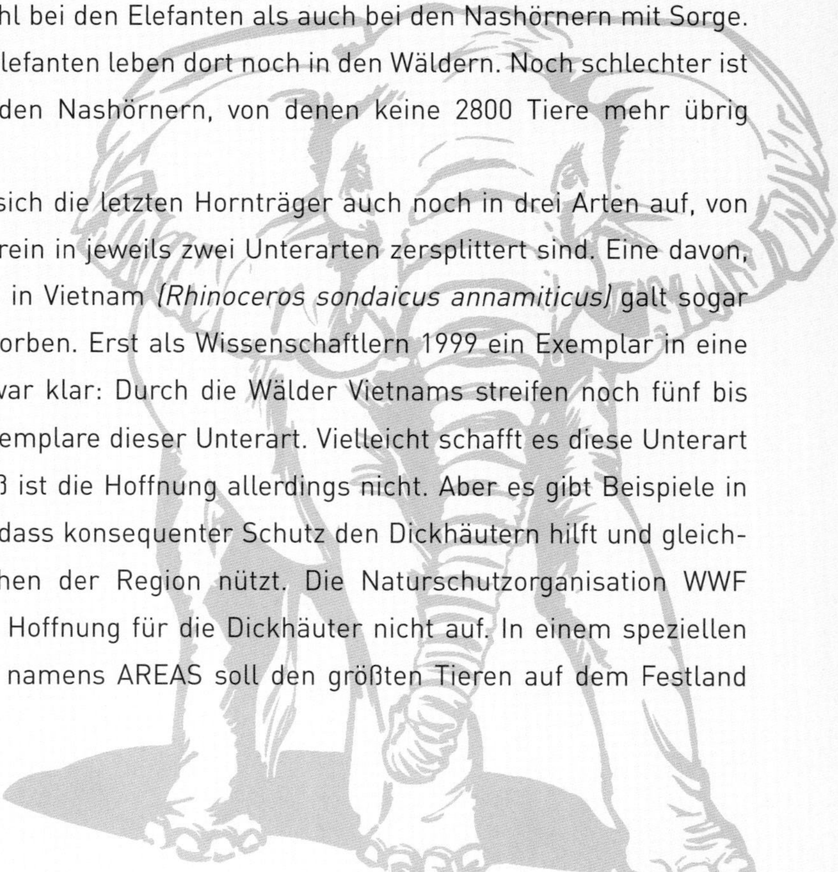

Im Zoo mag es Hoffnung geben, in der Natur aber haben viele Dickhäuter weiter erhebliche Probleme. Vor allem in Asien sehen Naturschützer die Entwicklung sowohl bei den Elefanten als auch bei den Nashörnern mit Sorge. Allenfalls 50 000 Elefanten leben dort noch in den Wäldern. Noch schlechter ist die Situation bei den Nashörnern, von denen keine 2800 Tiere mehr übrig geblieben sind.

Noch dazu teilen sich die letzten Hornträger auch noch in drei Arten auf, von denen zwei obendrein in jeweils zwei Unterarten zersplittert sind. Eine davon, das Java-Nashorn in Vietnam *(Rhinoceros sondaicus annamiticus)* galt sogar schon als ausgestorben. Erst als Wissenschaftlern 1999 ein Exemplar in eine Fotofalle tappte, war klar: Durch die Wälder Vietnams streifen noch fünf bis höchstens acht Exemplare dieser Unterart. Vielleicht schafft es diese Unterart zu überleben, groß ist die Hoffnung allerdings nicht. Aber es gibt Beispiele in Asien, die zeigen, dass konsequenter Schutz den Dickhäutern hilft und gleichzeitig den Menschen der Region nützt. Die Naturschutzorganisation WWF jedenfalls gibt die Hoffnung für die Dickhäuter nicht auf. In einem speziellen Aktionsprogramm namens AREAS soll den größten Tieren auf dem Festland geholfen werden.

Ein Zukunftsplan für Asiens Dickhäuter

Wie die Situation in zehn oder zwanzig Jahren aussehen könnte, zeigt schon heute der Chitwan-Nationalpark in Nepal. Dort lebten im Jahr 2000 exakt 544 Panzernashörner *(Rhinoceros unicornis)*. Die Rhinos locken Touristen aus Europa und den USA, aus Japan und manchmal sogar aus Indien an. Der Nationalpark verdient gut an den Besuchern, gibt aber auch 30 bis 40 Prozent seiner Einnahmen an die Gemeinden in der Umgebung. Mit diesem Geld werden Schulen gebaut, Gemeindehäuser oder Krankenstationen.

Die Menschen in den Dörfern verdienen aber auch direkt an den Nashörnern, von denen einige auch in den Gemeindewäldern außerhalb des Nationalparks leben. Einige Touristen wollen die Tiere auch dort beobachten und bringen so Geld in die Kassen der Dörfler. So sehen die Menschen, dass Naturschutz ihnen Vorteile bringt und unterstützen den Schutz des Nashorns. Andererseits sind die Dickhäuter für die Bauern ein Schädling, der die Ernte zerstört, wenn er die Felder durchwühlt. Drei bis vier Meter tiefe und rund acht Meter breite Gräben mit steilen Flanken schaufeln die Menschen daher rund um ihre Felder, die kein Nashorn überspringen kann.

In einem zweiten Nationalpark, dem Bardia-Reservat leben 67 weitere Panzernashörner. Das sind zu wenig, um auf Dauer zu überleben, vermutet der Inder Christy Williams, der das AREAS-Programm des WWF von Nepal aus koordiniert. 21 Dickhäuter aus dem Chitwan-Nationalpark wurden daher seit März 2000 dorthin umgesiedelt. Noch wichtiger war eine zweite Umsiedlungsaktion, bei der vier Panzernashörner in das Sukhlaphanta-Wildlife-Reservat gebracht wurden, in dem nur noch ein einsamer Nashornbulle seine Runden zog.

Beispielhaft zeigt das Panzernashorn in Nepal eines der großen Probleme der Dickhäuter in Asien. Noch immer wächst die Bevölkerung in vielen Ländern. Um die vielen Menschen satt zu bekommen, holzt man die letzten Wälder ab und bricht sie zu Äckern um. Damit aber vernichtet man den Lebensraum von Elefanten und Nashörnern oder zersplittert einst zusammenhängende Gebiete in einzelne isolierte Regionen, die wie Inseln in der Kulturlandschaft liegen. Dort bleiben meist zu wenig Tiere übrig, um auf Dauer überleben zu können. Ist ein Bestand zu klein, kommt es bald zu Inzucht, die letztendlich das Überleben der Art infrage stellt.

In Nepal möchte Christy Williams deshalb diese Fragmentierung der Lebensräume wieder rückgängig machen. Zwei bis vier Kilometer breite Waldkorridore sollen nach seinen Plänen in Zukunft die einzelnen Reservate und damit auch die isolierten Nashornbestände miteinander verbinden. Die Autos auf den wenigen Straßen, die solche Waldkorridore durchschneiden, überqueren Nashörner ohne größere Probleme, haben die Naturschützer festgestellt. Denn auf den schlechten Pisten müssen die Autos so langsam fahren, dass eher die bis zu zweieinhalb Tonnen schweren und zwei Meter hohen Nashörner zu einer Gefahr für die Autos werden als umgekehrt.

Das Panzernashorn ist genau genommen die einzige Erfolgsstory beim Schutz der Dickhäuter in Asien. Kaum 200 Exemplare dieser Art gab es am Anfang des 20. Jahrhunderts noch. Als die Regierungen in Nepal und Indien aber rigoros gegen Wilderer durchgriffen, konnten sich die Bestände wieder erholen.

Natürlich profitieren auch der Indische Tiger, Elefanten und Büffel von solchen Maßnahmen. So leben im Kaziranga-Nationalpark im indischen Bundesstaat Assam auf gerade einmal 500 Quadratkilometer 1500 Panzernashörner, 2000 Elefanten und etliche Büffel. Im Gegensatz zu Nepal kommen dorthin aber kaum Touristen, weil Assam eine recht unruhige Region ist. Die Regierung ist pleite, Schutzmaßnahmen können nicht mehr bezahlt werden, die Wilderei nimmt wieder zu. Der WWF sammelt daher Geld, um zumindest die wichtigsten Schutzmaßnahmen fortzuführen.

Die restlichen 300 Panzernashörner auf dieser Erde verteilen sich aufgesplittert in sechs Gebiete auf die indischen Bundesstaaten Assam, Westbengalen und Uttar Pradesh. Aus eigener Kraft dürften viele dieser Populationen nicht mehr lange überleben. Die sechzehn Rhinos in Uttar Pradesh sollten daher nach Meinung des WWF eine Blutauffrischung in Form importierter Artgenossen aus dem Kaziranga-Nationalpark erhalten. Das scheitert aber an den chronischen Defiziten in den Kassen der Regierungen der indischen Bundesstaaten.

Ähnlich wie den Nashörnern ist es auch dem Asiatischen Elefanten ergangen, der einst zwischen dem Irak und dem Gelben Fluss in China zu Hause war. Heute dagegen ist der nächste lebende Verwandte der längst ausgestorbenen eiszeitlichen Mammuts auf einen Fleckenteppich kleinerer Areale zwischen Indien und Vietnam sowie einen völlig isolierten Bestand im äußersten Südwesten der chinesischen Provinz Yunnan zurückgedrängt. Weniger als zehn dieser Gebiete beherbergen noch mindestens 1000 der bis zu fünf Tonnen schweren und

3,5 Meter hohen Dickhäuter. Zwei Drittel aller Asiatischen Elefanten streifen in Indien durch die Wälder. Wer sich das Verbreitungsgebiet anschaut, sieht sofort das große Problem des Asiatischen Elefanten: Er kommt genau in den Gebieten vor, in denen dicht gedrängt auch mehr als ein Fünftel der Menschheit lebt. Für Elefanten bleibt da wenig Platz.

Gemeinsam mit den Behörden der Regionen und unterstützt vom US Fish and Wildlife Service, aber auch dem amerikanischen „Save the Tiger Fund" versucht der WWF trotzdem, möglichst große Gebiete für den Elefanten zu erhalten. Korridore sollen den Tieren in den isolierten Beständen Wanderungen zur

„Blutauffrischung" ermöglichen. Vor allem aber möchten die Naturschützer den Menschen beispielsweise in den Dörfern Sumatras zeigen, wie sie Elefanten von ihren Ölpalmen-Plantagen fernhalten können. In Kambodscha sollen die Schutzmaßnahmen in den Nationalparks endlich wieder greifen, die seit dem Bürgerkrieg völlig vernachlässigt wurden. Bisher stehen die Reservate dort ausschließlich auf dem Papier.

Deutlich schlechter als um den Asiatischen Elefanten steht es um das Sumatra-Nashorn. Diese Art droht in den nächsten Jahrzehnten völlig zu verschwinden. Erneut drückt die Zersplitterung der Lebensräume, aber auch die Wilderei eine Art an den Rand der Ausrottung.

Werden Straßen in den Urwald Malaysias oder Sumatras gebaut, sind plötzlich die letzten Rückzugsgebiete der 280 bis 320 verbleibenden Tiere der Art *Dicerorhinus sumatrensis* für Wilderer leicht erreichbar. Die Folgen sind einschneidend: Kein Bestand dieser Art hat heute mehr als 40 Tiere. Hier konzentriert sich das AREAS-Programm vor allem auf den direkten Schutz im größten noch verbliebenen Bestand in den Nationalparks Bukit Barisan Selatan und Kerinci Seblat auf Sumatra. Gut ausgebildete Ranger sollen den Wilderern das Handwerk legen. Gleichzeitig versucht man in den Dörfern, die Menschen dazu zu bewegen, doch Holzschnitzereien anzufertigen, die sie an Touristen verkaufen können. Doch zahlungskräftige Besucher aus dem Ausland sind aufgrund der instabilen Lage fast noch seltener als die letzten Rhinos auf Sumatra.

Noch schlimmer ist die Situation auf Borneo. In keinem der ebenfalls voneinander isolierten Rückzugsgebiete leben noch mehr als fünf oder sechs Sumatra-Nashörner. Hier möchte der WWF erst einmal überprüfen, wie viele Tiere überhaupt noch vorhanden sind. Erst wenn man weiß, wo die letzten Vertreter dieser Unterart leben, kann man schließlich effektive Schutzmaßnahmen ergreifen.

Im Vergleich zur vielerorts sehr schwierigen Situation in Asien sind die Dickhäuter-Schützer auf dem afrikanischen Kontinent schon ein Stück weiter. So scheinen sowohl die Elefanten als auch die afrikanischen Spitzmaulnashörner in Sambia wieder auf dem aufsteigenden Ast zu sein, zeigt ein Besuch im North-Luangwa-Nationalpark dieses Landes.

Was das Rhino mit dem Schulsystem zu tun hat

„Ratsch" – irgendetwas scheint mitten in der Nacht gleich neben der Veranda Gras auszureißen und ins Maul zu stopfen. In der Buschlandschaft am Mwaleshi-Fluss im Norden Sambias kommen für dieses Geräusch normalerweise nur Dickhäuter infrage. Ein vorsichtiger Blick aus dem Fenster zeigt dann auch gleich das hungrige Tier: Im silbernen Mondlicht frisst ein mächtiger Elefantenbulle keine fünf Meter vor der Terrasse genüsslich Gras. „Die Elefanten sind einfach neugierig, wer da in die Bambushütte eingezogen ist", erklärt Rod Tether am nächsten Morgen das Verhalten des Dickhäuters.

Der Sambier in den traditionellen Shorts und mit dem leicht antiquiert wirkenden, aber sehr zuverlässigen Gewehr führt zusammen mit seiner Frau Guz das Kutandala-Camp am Mwaleshi-Fluss. Sechs Gäste finden in den drei Bambushütten Platz und wecken die Neugier der Elefanten. Sobald die Dickhäuter wissen, wer die neuen Gäste sind, trotten sie langsam weiter. Probleme mit Elefanten oder anderen Tieren hat es hier im North-Luangwa-Nationalpark noch nie gegeben, erklärt Rod. Und falls ein Elefant sich doch zu stark nähert und die Menschen nicht ausweichen können, schießt Rod einmal hoch über den Kopf des Tieres. Das aber kommt allenfalls einmal im Jahr vor, danach trollt der Elefant sich im Eiltempo.

Rettung in freier Wildbahn

Elefanten sieht man häufig im Camp und auf den Fußsafaris entlang des Mwaleshi. Noch vor 30 Jahren aber war hier ein anderer Dickhäuter genauso häufig wie der Elefant, erzählt Rod: das Spitzmaulnashorn. In den 1980er-Jahren wimmelte das Land dann vor Wilderern, die es auf die Stoßzähne der Elefanten und die Hörner der anderen Dickhäuter abgesehen hatten. Wohl 5000 Nashörner und mindestens genauso viele Elefanten lebten damals in den beiden benachbarten Nationalparks North und South Luangwa. Weil der Staat wenig gegen die Wilderer unternahm, waren 1987 gerade noch 300 Elefanten übrig, die Nashörner dagegen waren überall in Sambia ausgerottet. Seither gehen die Behörden massiv gegen Wilderer vor, die Elefanten haben sich wieder auf 1500 Tiere allein in North Luangwa vermehrt.

Das Spitzmaulnashorn aber war auch in anderen Ländern so selten geworden, dass für eine Rückkehr nach Sambia niemand mehr einen Pfifferling gegeben hätte. Dabei fänden die Tiere nach wie vor optimale Bedingungen in North Luangwa: Überall im Nationalpark wachsen die Büsche, deren Blätter das Spitzmaulnashorn liebend gern frisst. „North Luangwa ist eben ein optimales Rhino-Land", erklärt Rod. „Natürlich würden auch meine Gäste gern Nashörner auf den Walking-Safaris sehen", vermutet er weiter.

Weshalb die Chancen auf solche Begegnungen steigen, wissen 20 Kilometer oder eine Fahrstunde über Buschpisten entfernt die Niederländerin Jessica Groenendijk und ihr Ehemann, der Peruaner Frank Hajek im Marula-Camp. Von einfachen Häusern am anderen Ufer des Mwaleshi aus koordinieren die beiden die Naturschutzarbeit der Zoologischen Gesellschaft Frankfurt in North Luangwa. Die kurz ZGF genannte Naturschutzorganisation aber bringt das Spitzmaulnashorn nach Sambia zurück.

Was das Rhino mit dem Schulsystem zu tun hat

Die ganze Aktion beginnt am Main im Frankfurter Zoo. Dort wird seit einiger Zeit das Spitzmaulnashorn *Diceros bicornis minor* gezüchtet, das vor wenigen Jahrzehnten noch durch Sambia trabte. Allerdings hätten diese Zootiere im North-Luangwa-Nationalpark Sambias kaum eine Überlebenschance, weil sie nie gelernt haben, in der Natur zu leben. Also beschlossen die Verantwortlichen, die drei in Frankfurt geborenen Nashörner Akura, Dzimba und Hama nach Südafrika zu geben. Auch dort hatten Wilderer in den 1980er-Jahren die gleiche Nashorn-Unterart an den Rand der Ausrottung gebracht, einige Tiere aber hatten das Massaker überlebt. Diese züchten die Südafrikaner seither in riesigen Wildgebieten, in denen aber ein Zaun die Nashörner am Verlassen der Region hindert.

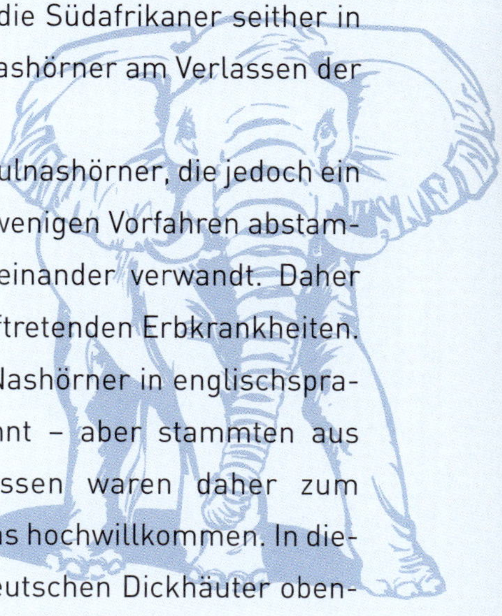

Heute leben in Südafrika wieder 350 bis 400 Spitzmaulnashörner, die jedoch ein genetisches Problem haben: Da alle Tiere von sehr wenigen Vorfahren abstammen, sind dort praktisch alle Nashörner eng miteinander verwandt. Daher droht Inzucht mit allen Konsequenzen wie häufig auftretenden Erbkrankheiten. Die Vorfahren der Frankfurter Rhinos – so werden Nashörner in englischsprachigen Ländern wie Südafrika und Sambia genannt – aber stammten aus Simbabwe. Die drei Neuankömmlinge aus Hessen waren daher zum Blutauffrischen im Marakele-Nationalpark Südafrikas hochwillkommen. In diesem relativ kleinen, umzäunten Gebiet haben die deutschen Dickhäuter obendrein viel bessere Karten als in den weiten Nationalparks Sambias.

Im Gegenzug für die Blutauffrischung ihrer Nashornpopulation fingen die Südafrikaner in verschiedenen Nationalparks des Landes insgesamt 15 Nashörner ein und flogen die Dickhäuter in großen Transportkisten aus Holz nach Sambia. Die Aufregung im Marula-Camp ist groß, als am 28. Mai 2003 um 15.20 Uhr auf der nahe gelegenen Staubpiste, auf der sonst nur kleine

Maschinen mit vier oder sechs Passagieren landen, eine Hercules-Militärtransportmaschine in einer gigantischen Staubwolke aufsetzt. Vorher haben Bulldozer erst einmal die Landebahn verbreitert, um der riesigen Maschine mit ihren 7,5 Tonnen Fracht in Form von zwei Nashornbullen und drei Nashornkühen Platz zu schaffen. Die Dickhäuter werden mit großem Bahnhof empfangen: Neben dem Geschäftsführer der ZGF Christof Schenck, dem deutschen Botschafter Erich Kristof und dem Generaldirektor der sambischen Naturschutzbehörde ZAWA begrüßt auch der Umweltminister Sambias Patrick Kalifungwa die ersten Nashörner, die seit Jahrzehnten wieder auf sambischen Boden stehen. Nur die Dickhäuter selbst bekommen von der Aufregung über ihre Ankunft gar nicht so viel mit, sondern kauen nach Nashornart gemütlich auf den Blättern, die ihnen als Willkommens-Cocktail angeboten werden.

Nach einiger Zeit in engen Freigehegen dürfen sie dann in ein 55 Quadratkilometer großes Gebiet des Nationalparks, das mit einem einfachen Elektrozaun vom Rest des Reservats abgetrennt ist. Dieser Zaun soll die Nashörner zusammenhalten, damit sie leichter einen Partner finden. In zwei weiteren Gebieten werden im Jahr 2006 zehn weitere Nashörner aus Südafrika freigelassen.

Dort beweist Nashornkuh Julila den ZGF-Naturschützern dann erst einmal, dass so ein einfacher Elektrozaun zwar ein sanfter Hinweis an einen Dickhäuter ist, das Gebiet nicht zu verlassen. Ein Hindernis aber ist der leichte elektrische Schlag für einen Dickkopf wie Julila nicht. Vielleicht ist ihr ja ein mitgereister Bulle zu nahe getreten oder sie wollte einfach ihre Ruhe haben, vermutet Jessica Groenendijk. Jedenfalls bricht das Tier aus der Umzäunung aus. Die gewünschte Abgeschiedenheit findet die Nashornkuh dann in einer aus Nashornsicht wohl sehr idyllischen Flussschleife, in der sie bald ein Kalb bekommt.

Ihre Artgenossen aber bleiben erst einmal in den vorgesehenen Gebieten. Scouts kontrollieren die drei umzäunten Flächen regelmäßig, um das Schicksal der Nashörner im Auge zu behalten. Allerdings kommt nicht jedes Nashorn mit der Umstellung von Südafrika auf seine neue Heimat Sambia zurecht. Einem Tier schmecken die Blätter in North Luangwa wohl nicht und es verhungert.

Ein Artgenosse frisst ebenfalls nur wenig und stirbt schließlich geschwächt an der Schlafkrankheit. „Bei so einem Programm muss man immer mit Verlusten rechnen", erklärt Rod Tether, der das Programm im Kutandala-Camp genau verfolgt. Und da neben zwei Todesfällen auch drei Kälber geboren werden und im Mai 2008 fünf weitere Nashörner per Flugzeug nach North Luangwa kommen, laufen im Jahr 2008 bereits 16 Nashörner durch den Park.

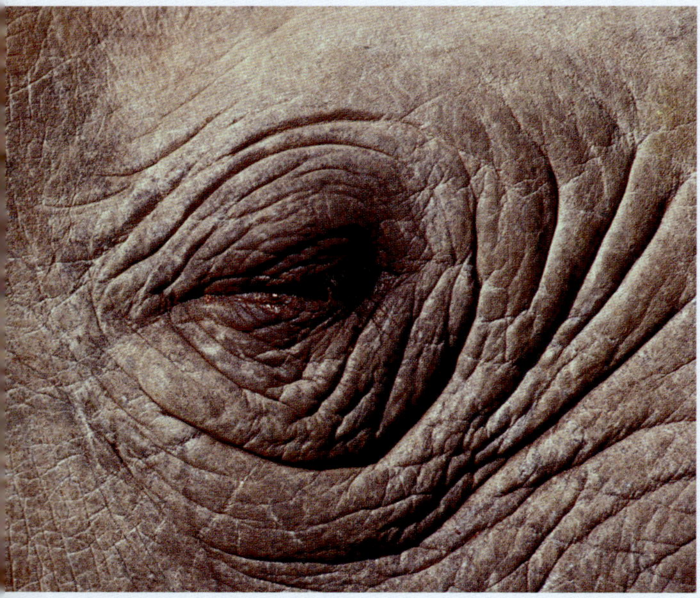

Erfolg kann das Projekt aber nur haben, wenn die Wilderei auf Dauer verschwindet. Eine Flugstunde entfernt haben Rods Gäste bereits erlebt, dass die Wilderer durchaus noch aktiv sind. Als sie von einer Safari mit dem Landcruiser am Abend in das Wasa-Camp im Kasanka-Nationalpark zurückfahren, huscht plötzlich ein Schatten im Scheinwerferlicht über die Piste. Der Safari-Guide Lesley Reynolds bremst scharf ab, stellt den Motor ab und lauscht in den um 18.30 Uhr bereits stockdunklen Wald. Menschen brechen deutlich hörbar durchs Unterholz, Hunde hecheln. „Poachers" erklärt Lesley knapp und versucht die Wilderer mit dem Landrover zu verfolgen. Das scheitert im dichten Wald rasch, auch die Verfolgung zu Fuß bringt wenig. Die Wilderer sind wohl einfach ein Stück abseits der Piste still im Dunkeln stehen geblieben, finden kann man sie da kaum.

Beim Abendessen erklärt Lesley dann die Hintergründe der Wilderei: Die Menschen in den Dörfern um den Nationalpark haben nur wenig Einkommen, sind aber hervorragende Waldläufer und Jäger. Also wildern sie, räuchern das Fleisch ihrer Beute und verkaufen es für gutes Geld als „Bushmeat“ in den Städten des Landes. Dort bringt ein Kilo Bushmeat mehr Geld als Rindfleisch und die Wilderer machen ein gutes Geschäft. Manchmal geht Bushmeat sogar in den Export, in New York und London ist das Fleisch afrikanischer Tiere jedenfalls bereits aufgetaucht.

Neunzig Flugminuten weiter im Süden weiß Anna Harrison von der Naturschutzorganisation Conservation Lower Zambesi (CLZ) im Lower-Zambezi-Nationalpark, dass sich das Verhalten der Wilderer im Jahr 2007 verändert hat. In diesem Nationalpark wurden 2006 dreizehn gewilderte Elefanten entdeckt. In allen Fällen hatten die Wilderer das Fleisch in Streifen abgeschnitten, so lässt es sich am Besten zu Bushmeat räuchern. 2007 dagegen wurden doppelt so viele Elefanten geschossen wie im Vorjahr, nur bei einem der Tiere wurde das Fleisch verwendet, die Stoßzähne aber fehlten bei allen Kadavern. „Offensichtlich hat die beschränkte Freigabe des Elfenbeinhandels in diesem Jahr die Wilderei wieder angeheizt", vermutet Anna Harrison.

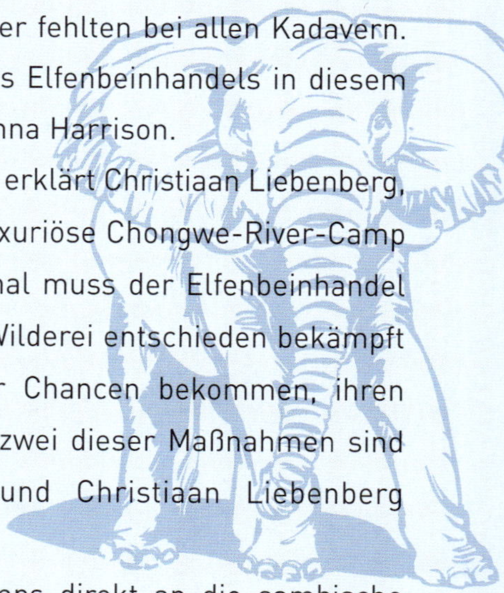

„Drei Maßnahmen gegen die Wilderei sind nötig", erklärt Christiaan Liebenberg, der gleich neben dem CLZ-Hauptquartier das luxuriöse Chongwe-River-Camp für maximal zwanzig Gäste betreibt: International muss der Elfenbeinhandel auf Dauer verboten bleiben. National muss die Wilderei entschieden bekämpft werden. Und gleichzeitig müssen die Wilderer Chancen bekommen, ihren Lebensunterhalt anderweitig zu verdienen. Bei zwei dieser Maßnahmen sind auch die Camp-Besitzer wie Rod Tether und Christiaan Liebenberg engagiert.

So fließen zehn Prozent der Umsätze der Camps direkt an die sambische Naturschutzbehörde ZAWA, die mit diesem Geld die Nationalparks unterhält und Antiwilderer-Brigaden ausrüstet. Die Männer dieser paramilitärisch erscheinenden „Anti Poaching Units" kämpfen oft unter Einsatz ihres Lebens gegen Wilderer. „Wer aber sein Leben riskiert, muss zumindest gut ausgerüstet sein und gut bezahlt werden", erklärt Rod Tether im Nationalpark North Luangwa. Genau dafür aber reichen die staatlichen ZAWA-Finanzen oft nicht. Häufig greifen die Camp-Besitzer daher den Behörden auch finanziell unter die Arme und bezahlen zum Beispiel den in Sambia sündhaft teuren Sprit für die Anti-Poaching-Fahrzeuge.

Die CLZ bildet im Nationalpark Lower Zambezi auch Scouts aus, die Safari-Touristen nicht nur bis auf zwei oder drei Meter an die Löwenrudel heranführen, die gerade einen Büffel gerissen haben, sondern die Natur auch hervorragend erklären.

Die Ausbildung ist aufwändig, lohnt sich aber: Für die Safari-Touristen ohnehin, weil sie von niemanden mehr über das „Wildlife" erfahren als von den Scouts, die oft aus den Dörfern der Umgebung stammen. Für die Scouts wiederum ist die Ausbildung eine einmalige Chance, weil sie in diesem Beruf so viel mehr als andere Sambier verdienen. „Wer als Scout arbeitet, wird nie mehr als Wilderer leben wollen, sondern die Wilderei bekämpfen", erklärt Dave Dower, der gemeinsam mit seiner Frau Tash ein paar Kilometer unterhalb des Chongwe-River-Camps direkt am Ufer des gewaltigen Sambesi-Stromes das Sausage-Tree-Camp managt. Und die Scouts nutzen diese Chance nicht nur für sich, erklärt Moses Chiguta, der im Sausage-Tree-Camp die Safari-Touristen im Kajak bis auf wenige Meter an Büffel, Elefanten, Fischadler und Bienenfresser heranpaddelt: „Meine Familie lebt in der Hauptstadt Lusaka, weil nur dort gute Schulen sind!"

Mit dieser guten Ausbildung aber möchte nicht nur Moses Chiguta, sondern auch viele andere Sambier ihren Kindern die besten Startchancen geben. Also muss auch auf dem flachen Land die Ausbildung verbessert werden. Auch das funktioniert, beweist Jo Pope, die im Nationalpark South Luangwa drei Luxus-Camps für Touristen betreibt, in denen Elefanten und Löwen recht häufig vor den Gäste-Chalets stehen.

Ihr Unternehmen Robin Pope Safaris steckt jedes Jahr eine größere Summe in den Bau und Ausbau der staatlichen Schule im nahe gelegenen Dorf Kawaza. Die besten Schüler dort unterstützt Robin Pope Safaris auch beim teuren Besuch des Gymnasiums. Höhere Schulen gibt es nämlich nur in größeren Städten, die oft Hunderte von Kilometer entfernt sind. Ein Internat oder gar eine private Unterbringung der Kinder kann sich praktisch aber kein Dorfbewohner leisten. Es sei denn, Robin Pope Safaris greift ihm unter die Arme.

Aber auch das soll bald anders werden, erklärt David Mwewa, der Direktor der Schule in Kawaza: „Bis zum Jahr 2011 soll unsere Schule zwölf Jahrgangsstufen haben!" Dann müssen die Kinder nicht mehr in die ferne Stadt, sondern können in ihrem Dorf auf das Gymnasium gehen. Sambia ist dann wieder ein kleines Stück weiter auf dem Weg, seinen Menschen gute Chancen zu bieten. Und die Touristen wissen, dass die hohen Kosten für eine Safari-Reise in Sambia gleichzeitig eine Art Entwicklungshilfe sind, die auf fruchtbaren Boden fällt.

Das aber verbessert auch die Chancen für die Nashörner, die seit kurzem wieder im Land zu Hause sind. Die Sambier selbst begrüßen die Dickhäuter freudig. Die Kinder in den Dörfern um den North-Luangwa-Nationalpark haben das Kalb von Julila auf den Namen Twibukishe getauft. „Wir erinnern uns" heißt das – daran nämlich, dass Sambia vor nicht allzu langer Zeit Nashorn-Land war und das auch in Zukunft wieder sein kann.

Register